ARKANA

Neale Donald Walsch

Beziehungen

Wegweisungen für den Alltag

Aus dem Englischen von
Susanne Kahn-Ackermann

ARKANA
Goldmann

Die Originalausgabe erschien unter dem Titel
»Neale Donald Walsch on Relationships, Applications for Living«
bei Hampton Roads Publishing Company, Inc.,
Charlottesville, VA, USA.

FSC
Mix
Produktgruppe aus vorbildlich
bewirtschafteten Wäldern und
anderen kontrollierten Herkünften

Zert.-Nr. SGS-COC-1940
www.fsc.org
© 1996 Forest Stewardship Council

Verlagsgruppe Random House FSC-DEU-0100
Das für dieses Buch verwendete FSC-zertifizierte Papier *Munken Premium*
liefert Arctic Paper Munkedals AB, Schweden.

5. Auflage

Published by arrangement with
Hampton Roads Publishing Co. Inc.
Vermittelt von der Literarischen Agentur
Thomas Schlück GmbH, 30827 Garbsen
Umschlaggestaltung: Design Team München
Umschlagfoto: Tony Stone/Vera R. Storman
Redaktion: Annette Gillich
Satz: Uhl + Massopust, Aalen
Druck und Bindung: GGP Media GmbH, Pößneck
Printed in Germany
ISBN 978-3-442-33629-6

www.arkana-verlag.de

Wieder für Nancy

Alle Bedeutung von
wunderbarer Beziehung
ist in ihr verkörpert.

Wenn Sie sie kennen würden,
bräuchten Sie kein weiteres Buch zu lesen,
sich keine weitere Kassette,
keine weitere Predigt anzuhören.
keine weitere Frage zu stellen.
Sie bräuchten sie nur
zu beobachten.

Einleitung

Beziehungen sind die wichtigste Erfahrung unseres Lebens. Ohne sie sind wir nichts.

Buchstäblich.

Und das ist so, weil wir in der Abwesenheit von allem anderen nicht sind.

Glücklicherweise gibt es wirklich niemanden, der nicht eine Beziehung hat. Tatsächlich stehen wir alle immer in Beziehung zu allem und jedem. Wir haben eine Beziehung mit uns selbst, wir haben eine Beziehung mit unserer Familie, wir haben eine Beziehung mit unserer Umwelt, wir haben eine Beziehung mit unserer Arbeit, wir haben eine Beziehung miteinander.

Tatsache ist, daß wir alles, was wir über uns selbst wissen und erfahren, im Kontext unserer Beziehungen verstehen. Aus diesem Grund sind Beziehungen etwas Heiliges. Alle Beziehungen. Und irgendwo tief in unserem Herzen und unserer Seele wissen wir das auch. Deshalb sehnen wir uns so sehr nach Beziehungen – nach bedeutungsvollen Beziehungen. Und zweifellos ist das auch der Grund dafür, daß wir solche Probleme mit ihnen haben. Auf irgendeiner Ebene muß uns ganz klar sein, wieviel auf dem Spiel steht, und das macht uns nervös. Normalerweise selbstsichere und kompetente Personen pfuschen und stolpern, weichen aus und stürzen, zerbröseln und rufen um Hilfe.

Tatsächlich hat unserer Spezies nichts mehr Probleme bereitet, hat uns nichts mehr Schmerz verursacht, hat nichts mehr Leid geschaffen oder zu mehr Tragödien geführt als das, was eigentlich dazu da ist, uns die größte Freude zu bereiten – unsere Beziehungen miteinander. Wir haben weder als Individuen noch kollektiv, weder auf gesellschaftlicher noch auf politischer, weder auf nationaler noch auf internationaler Ebene einen Weg gefunden, um in Harmonie miteinander zu leben. Wir finden es einfach äußerst schwierig, miteinander auszukommen – davon, einander wirklich zu lieben, gar nicht zu reden.

Was hat es damit auf sich? Was ist hier los? Ich glaube, ich weiß es. Nicht, daß ich so eine Art Genie wäre, aber ich bin ein guter Zuhörer. Und ich habe zu diesem Thema sehr lange Zeit Fragen gestellt. Vor ein paar Jahren begann ich, Antworten zu bekommen, und ich glaube, daß sie von Gott kamen. Als ich sie damals erhielt, war ich von dem, was ich bekam, so stark beeindruckt, daß ich beschloß, die Antworten zu protokollieren. Daraus entstanden die drei Bände von *Ge-*

spräche mit Gott, die weltweit zu Bestsellern wurden.

Es ist nicht nötig, daß Sie meinen Glauben an die Quelle dieser Antworten teilen, um Nutzen daraus zu ziehen. Sie brauchen nur für die Möglichkeit aufgeschlossen zu bleiben, daß es, was Beziehungen angeht, etwas geben könnte, das die meisten Menschen nicht ganz verstehen, das aber alles verändern könnte, wenn man es schließlich begreift.

In ebendieser Geisteshaltung versammelte sich im Januar 1999 eine Gruppe von etwa vierzig Personen in einem Haus bei San Francisco, um gemeinsam mit mir zu erkunden, was die *Gespräche mit Gott* zum Thema Beziehungen zu sagen haben. Ich vermittelte der Gruppe alle meine Erkenntnisse über das Material, das sich darüber in den Dialogen findet, und antwortete auf Fragen. Die positive Energie dieses Nachmittags war ein geradezu elektrisierendes Erlebnis und führte zu einem frei fließenden Strom wunderbarer Weisheit, der zu meiner Freude auf Video und Tonband aufgenommen wurde und inzwischen in überarbeiteter Fassung der Öffentlichkeit zugänglich ist. Dieses Buch ist eine Transkription dieses Ereignisses und wirkt meiner Ansicht nach viel flüssiger und anregender als ein Text, der von vornherein für eine Buchpublikation konzipiert wird. Und da es keine Begrenzungen für den Umfang gab, konnten wir Material mit aufnehmen, das sich auf dem Video und der Tonbandkassette, die aus Produktionsgründen gekürzt werden mußten, nicht findet.

Im wesentlichen sagt Gott in *Gespräche mit Gott,* daß die meisten von uns aus den falschen Gründen eine Beziehung eingehen, aus Gründen, die nichts mit dem umfassenden Sinn und Zweck unseres Lebens zu tun haben. Wenn unser Grund für eine Beziehung mit dem Grund unserer Seele für unser Dasein übereinstimmt, werden unsere Beziehungen nicht nur als etwas Heiliges verstanden, sie werden auch zu etwas, das uns Freude macht, uns mit Freude erfüllt.

Freudvolle Beziehungen. Für viel zu viele Menschen ist das ein Widerspruch in sich. Doch es *ist* möglich, freudvolle Beziehungen zu haben, und die Erkenntnisse in den Bänden von *Gespräche mit Gott* zeigen uns auch, wie.

Hier sind nun diese Erkenntnisse, so wie ich sie bekommen und verstanden habe. Ich teile sie mit Ihnen in aller Demut und hoffe, daß Sie davon profitieren – wenn auch nur eine Bemerkung ein neues Fenster oder eine ganze Tür zu größerem Glück aufstößt.

Neale Donald Walsch
Juli 1999
Ashland, Oregon

Beziehungen

Hallo miteinander. Willkommen hier im Raum. Schön, Sie alle hier zu sehen.

Unser Thema sind die menschlichen Beziehungen, die Sache, mit der manche von uns so große Schwierigkeiten haben. Und wenn Sie ein paar meiner Schriften gelesen haben, wissen Sie, daß ich selbst zu denen gehöre, die beträchtliche Schwierigkeiten mit Beziehungen hatten – damit, sie zum Funktionieren zu bringen, sie andauern zu lassen, ja überhaupt sie zu etwas werden zu lassen, das irgendeinen Sinn in meinem Leben ergab.

Bis vor kurzem habe ich nie wirklich verstanden, wie Beziehungen funktionieren können, und was ihr Sinn und Zweck in meinem Leben ist. Und das lag daran, daß ich sie zumeist aus all den falschen Gründen einging.

Im großen und ganzen begab ich mich mit Blick darauf *in* Beziehungen, was ich *aus* ihnen herausschlagen konnte. Und ich bin mir nicht sicher, ob ich bereit gewesen wäre, das zuzugeben. Ich meine, ich hätte es wahrscheinlich nicht so formuliert, da ich mich nicht kennenlernen wollte. Ich hätte nicht gesagt: »Mann, was versuchst du hier für dich herauszuschlagen?« So hätte ich es nicht ausgedrückt. Ja, wahrscheinlich hätte ich das nicht einmal so gedacht. Aber in dem Moment, in dem ich von einer Beziehung nicht mehr das bekam, was ich mir vorgestellt hatte, fiel mir auf, daß ich eben auf das aus war. In dem Moment, in dem ich aus einer Beziehung nicht mehr das herausschlagen konnte, was ich mir vorgestellt hatte, wollte ich aus der Beziehung raus.

Und das ist das Muster, dem ich den größten Teil meines Erwachsenendaseins folgte. Ich verabschiedete mich aus Beziehungen, in denen ich nicht bekam, was ich haben wollte. Können Sie mir folgen? Und ich ging immer wieder neue Beziehungen ein, nachdem ich mich aus anderen davongemacht hatte. Sehr rasch. Ich war also ein Serienmonogamist. Eine Beziehung nach der anderen, immer auf der Suche nach der richtigen und perfekten Gefährtin, die mir endlich Erfüllung bringen konnte. Die vielleicht endlich zu sehen vermochte, wer ich wirklich war, und mich glücklich machen konnte.

Nun, ich war bereit zu einem fairen Handel. Ich war durchaus willens, mich in einer bestimmten Weise zu zeigen, die mich für eine andere Person attraktiv machen konnte. Ich wußte, wie man das Spiel spielt. Und nach ein paar gescheiterten Beziehungen wußte ich auch, oder glaubte zu wissen, wonach andere in einer Beziehung suchten. Ich arbeitete sehr hart daran, ihnen das zu liefern – das war sozusagen meine Handelsware. Zum Beispiel lernte ich, bestimmte Aspekte meiner Persönlichkeit zu unterdrücken, die für andere Personen unattraktiv waren, wie ich nach einer Reihe von gescheiterten Beziehungen entdeckt hatte.

Ich will Ihnen ein Beispiel geben, ein albernes Beispiel, aber ich glaube, daß es mir gerade deshalb so im Gedächtnis haften blieb. Ich war eine Weile mit einer Frau zusammen, und ich glaubte, sie sei die Liebe meines Lebens. Und tatsächlich *war* sie für die Zeit unseres Zusammenseins die Liebe meines Lebens. Sie kennen das alte Lied: »Wenn ich nicht der nahe bin, die ich liebe, dann liebe ich die, der ich nahe bin«? Ich weiß, keiner von Ihnen hat je dieses Spiel gespielt…

Ich hatte also eine Beziehung mit dieser wunderbaren Frau. Ich war sehr verliebt oder dachte, ich wäre es. Eines Abends gingen wir ins Theater. Es war einer unserer ersten gemeinsamen öffentlichen Auftritte in der Welt der Gesellschaft. Sie wissen schon. Wir sehen uns also dieses Stück an – es war eine Komödie –, und ich begann zu lachen.

Nun habe ich zufälligerweise ein sehr lautstarkes, dröhnendes Lachen. Wenn ich lache, hören es alle im Raum, ganz anders als bei den meisten von Ihnen, die Sie zumindest bei solchen Gelegenheiten nicht sehr laut lachen würden. Dieses zwerchfellerschütternde Lachen ist einfach Teil von mir, das ist keine Absicht, das ist einfach so.

Okay. Da sitze ich also und breche in brüllendes Gelächter aus. Die Schauspieler lieben das natürlich, weil so ein Lachen ansteckend ist und dann Leben in die Bude kommt. Sie sind begeistert, wenn sie so jemanden im Publikum sitzen haben. Aber die Lady neben mir, in die ich so verzweifelt verliebt war (und ich sage absichtlich verzweifelt – ich war verzweifelt *über* meine Liebe zu ihr), sank immer mehr in sich zusammen, je mehr ich lachte. Ich kann sie noch heute vor mir sehen, wie sie neben mir sitzt und versucht, sich in Luft aufzulösen. In der Pause fragte sie: »Mußt du denn so lachen?« Und ich entsinne mich, daß ich dachte: »Was meint sie damit?« Ich war mir nicht einmal bewußt, was ich machte. Mir war nicht bewußt, daß ich sie mit meinem Lachen in Verlegenheit brachte; daß sie sich wegen dieses so dröhnend lachenden Kerls, mit dem sie gekommen war, genierte.

Und ich erinnere mich noch an mein tiefes Verlangen, alles zu tun, um sie vom Verlassen des Raums abzuhalten. Sie wissen, was ich meine? Ich meine das bildlich gesprochen, ich meine, sie sollte im Raum meines Lebens bleiben.

Übrigens möchte ich nebenbei erwähnen, daß ich den Großteil meines Lebens damit zubrachte, die Leute dazu zu bringen, daß sie im Raum bleiben. Dafür tat ich alles. Oder fast alles. Bleibt hier. Bleibt. Verlaßt nicht den Raum. Was kann ich tun, um euch dazu zu bringen, daß ihr dableibt? Welchen Teil von mir kann ich weglassen, um euch dazu zu bringen, daß ihr hierbleibt? Egal welchen, ich lasse ihn weg. Alles, was zählt, ist, daß ihr im Raum meines Lebens bleibt.

Und ich kann Ihnen gar nicht sagen, wie viele Tänze ich aufgeführt habe – und das nicht einmal zu meiner eigenen Musik. Sie legen die Platte auf, und ich tanze. Und genau das habe ich auch an jenem Abend im Theater getan.

Es beginnt also der zweite Akt, und Neale sitzt im Publikum. Es fallen ein paar komische Sätze, ein paar Gags, und Neale tritt in Aktion… ha… (gurgel)… ich sitze da und versuche mein Lachen zu unterdrücken. Beim dritten Akt hatte ich es schließlich geschafft. Beim dritten Akt hatte ich »ha, ha, ha, ha«, in »hi, hi ...« verwandelt. Und in dieser Weise lachte ich dann einige Jahre lang. Ich lachte ein Nichtlachen, wie ich es zu nennen pflegte, bis jemand sagte: »Fehlt dir was? Bist du okay?«

Das war in einem Workshop von Dr. Elisabeth Kübler-Ross. Sie ertappte mich bei diesem Lachen. Sie hatte etwas Komisches gesagt, und ich saß in der ersten Reihe. »Was ist los mit Ihnen?« sprach Sie mich an.

»Nichts. Ich fand das komisch.«

»Warum haben Sie das dann nicht herausgelassen?« fragte sie.

Und ich erwiderte: »Was meinen Sie? Ich habe doch gelacht.«

Sie: »Nein, das haben Sie nicht. Warum lassen Sie dieses Lachen nicht heraus? Und wenn wir schon dabei sind, warum lassen Sie nicht auch den Schmerz heraus? Den Schmerz, der dadurch entsteht, daß Sie im Innern den zurückhalten, der Sie wirklich sind?«

* * *

Mir war also bewußt, was ich im Austausch geben mußte oder geben zu müssen meinte, damit ihr meinen Raum nicht verlaßt. Und ich tat alles, was meiner Meinung nach nötig war, um den Raum immer voll zu haben. Doch das wurde zum großen Rätsel für mich. Denn hier war ich und tat soviel, doch der Raum leerte sich dennoch. Sie verließen den Raum trotzdem, bis ich schließlich aufschrie: »Was wollt ihr? Was braucht es, damit eine Beziehung funktioniert?«

Ich kriegte nicht einmal mit, was ich da eigentlich machte, mir war nicht klar, daß ich einen Tauschhandel betrieb: »Ich sag dir was. Ich lache nicht mehr so, wenn du nicht mehr so hustest. Ich werde nicht mehr in dieser Weise essen, wenn du nicht mehr vergißt, den Zahnpastaverschluß zuzuschrauben.« Na ja, oder was immer es war, womit wir gehandelt haben. Dieser Handel erstreckte sich leider auch auf sehr viel umfassendere Dinge.

Da war ich also bei diesem Handelsabkommen gelandet. Am 14. Februar suchte ich nach einer Valentinskarte, fand aber keine, auf der zu lesen stand: »Ich handle dich sehr. Mein Gott, wie ich dich handle. Und ich handle dich ewig.« Tatsache ist, ich spielte Handel. Dies wußte ich immer dann, wenn die andere Person nicht mehr mit dem rüberkam, was mir meiner Ansicht nach zustand. Das war unser Abkommen: Ich gebe dir dies, und du gibst mir das. Und wenn ich nicht mehr erhielt, was ich meiner Meinung nach bekommen sollte, stieg ich aus der Beziehung aus. Oder in manchen Fällen verließen die anderen den Raum, wenn sie nicht mehr bekamen, was ihnen ihrer Ansicht nach zustand.

Ich kapierte einfach nicht, was nicht stimmte, bis wieder eine ganze Reihe mir wichtige Beziehungen in die Brüche ging. Dann führte ich meine außergewöhnliche Unterhaltung mit Gott, und Gott sagte: »Neale, Neale, Neale, du siehst ganz eindeutig nicht, was hier vor sich geht. Erstens einmal gehst du aus den falschen Gründen eine Beziehung ein. Du gehst sie um der Dinge willen ein, die du aus ihr herausholen kannst. Und bist auch durchaus zu einem Tauschhandel bereit. Aber als das siehst du sie eben auch an – fast als eine geschäftliche Transaktion. Und du verstehst den Sinn und Zweck einer Beziehung nicht. Denn diese hat nichts mit dem zu tun, was du deiner Meinung nach aus ihr herausholen kannst, sondern alles damit, was du deiner Wahl nach in sie hineinsteckst. Aber es geht nicht darum, daß du *das als Mittel betrachtest, um dann zu bekommen, was du haben möchtest,* sondern darum, daß du etwas in sie hineingibst, um wahrnehmen zu können, *wer du wirklich bist.*

Versichere dich also, daß du bei dem, was du in eine Beziehung einbringst, authentisch bist. Und verleugne nie, nicht für einen Augenblick, dein wahres Ich. Und wenn dein wahres Ich nicht ausreicht oder nicht attraktiv genug ist, um diese Person im Raum zu halten, dann laß sie gehen. Denn es wird eine Person in den Raum deines Lebens eintreten, die dein authentisches Ich genügend attraktiv findet. Und wenn sie in Reaktion auf deine Authentizität in den Raum kommt, wird sie bleiben, weil du ihr nichts vorspielen mußt, um sie zum Bleiben zu bewegen. Und damit kann der Tanz ein Ende finden.«

Das änderte für mich alles. Meine gesamten Erfahrungen hatten plötzlich eine neue Bedeutung für mich, weil ich nun zumindest verstand, was ich da machte.

Und ich begriff auch, daß eine Beziehung an sich die wichtigste Erfahrung ist, die wir uns erschaffen können. Und daß wir in Abwesenheit von Beziehungen nichts sind. Ohne Sie bin ich gar nichts. Das wußten Sie wahrscheinlich schon, als Sie hier hereinkamen. Sie setzten sich hin und sagten: »Ohne mich ist Neale gar nichts.« (Gelächter) Aber es ist wahr. Ohne Sie bin ich gar nichts. (Er weist auf verschiedene Personen.) Und ohne Sie bin ich nichts. Und ohne Sie bin ich gar nichts. Und das ist wahr, denn ohne die Erfahrung von Beziehung sind wir nichts. Auf dieser relativen Erfahrungsebene kann ich nur der sein, der ich in Beziehung zu etwas anderem innerhalb meines Erfahrungsbereichs bin. Ich meine, ich kann auf der Erfahrungsebene rein gar nichts über mich in Erfahrung bringen, wenn Sie nicht im Raum sind.

Gott verdeutlichte mir die Wahrheit dieser Aussage durch ein interessantes Beispiel. Er sagte: »Stell dir vor, daß du dich in einem völlig weißen Raum befindest – weißer Boden, weiße Decke, weiße Wände. Und stell dir vor, daß du wie durch Magie in diesem Raum schwebst und nichts berühren kannst. Du hängst da mitten im Raum wie eine Christbaumkugel, die noch nicht einmal an einem Faden befestigt ist. Du befindest dich also in diesem Meer aus Weiß. Und stell dir vor, daß sonst gar nichts existiert. Was glaubst du, wie lange du auf der Ebene deiner Erfahrung von dir, des Erlebens deiner Person, existieren wirst?« Und in mir stieg die Antwort auf: »Wahrscheinlich nicht besonders lange, nicht sehr lange.«

Denn in der Abwesenheit von allem anderen bin ich nicht; nicht auf der Ebene der Erfahrung meiner selbst. Ich meine, ich bin, was ich bin. Aber ich kann nicht *wissen*, daß ich bin. Ich kann nur in Beziehung zu etwas anderem die Erfahrung machen, daß ich bin. Ohne eine solche Beziehung kann ich nichts über mich in Erfahrung bringen.

Wenn aber jemand in diesen weißen Raum käme und auch nur einen winzigen Tintenfleck an die Wand malte, so groß zumindest, daß ich ihn als kleinen schwarzen Punkt wahrnehmen könnte, dann würde ich plötzlich in diesem Maße existieren. Zum ersten gäbe es dann ein »Da drüben« und ein »Hier«. Ich würde anfangen, mich in bezug zu diesem anderen Ding zu definieren, in diesem Fall dem Punkt an der Wand. Ich würde mir vorstellen, daß ich ein Ding bin namens … Vielleicht würde ich ein Wort äußern, das wie »grö-ß-er« klingt.

Möglicherweise hätte ich sogar die Kühnheit zu sagen, daß ich in Hinblick auf den Punkt an der

Wand »klü-g-er« bin. Manchmal denke ich nicht, daß ich sehr viel klüger bin als ein Punkt an der Wand, aber allgemein gesprochen bilde ich mir doch ein, es zu sein. Auf diesen Punkt bezogen bin ich vielleicht schneller oder langsamer oder »mehr dies« oder »mehr das«, Sie verstehen.

Wenn Sie nun eine Katze in diesen Raum bringen, erfahre ich mich plötzlich auf sehr viel umfassendere Weise, weil das, was jetzt auch im Raum existiert, viel größer als der Punkt an der Wand ist. Ich beginne nun, alle möglichen Vorstellungen über meine Person zu entwickeln. Vielleicht ist die Katze weicher als ich, vielleicht bin ich älter als die Katze oder was auch immer. Sie sehen also, ich fange an, mir auf Grund dessen, was oder wer sich in meinem Umfeld befindet, einen Begriff von mir zu machen. Von daher sind Beziehungen – ich spreche nun vom Bereich des Relativen, in dem wir in physischer Form existieren –, sind also Beziehungen zu anderen Menschen, Orten und Dingen nicht nur wichtig, sie sind lebensnotwendig. Und in der Abwesenheit unserer Beziehung zu allen Dingen sind wir nicht, erfahren wir keine Existenz.

Und so kann ich allmählich den Grund verstehen, warum die Beziehung überhaupt existiert – meine Beziehung zu diesem Tisch, zu diesem Glas Wasser und zu Ihnen, die Sie hier mit mir diese Zeit und diesen Ort teilen. Und durch diese meine Beziehung zu Ihnen lerne ich mich nicht nur selbst kennen, erkenne ich mich nicht nur selbst, sondern – und das ist der Trick – *definiere* ich mich auch buchstäblich selbst. Damit will ich sagen: In Beziehung zu dem, der du bist, definiere ich mich und *erschaffe* in diesem Sinn *den, der ich bin, aufs neue.*

Und nun kommt eine interessante Wendung. Letztlich kann ich mich nicht als irgend etwas neu erschaffen, das du nicht bist. Das heißt: Ich kann in mir nur sehen, was ich bereit bin, in dir zu sehen. Und das, was ich in dir nicht zu sehen vermag, werde ich auch nie in mir finden, weil ich gar nicht weiß, daß es existiert. Von daher kann ich in mir erst dann die Göttlichkeit finden, wenn ich die Göttlichkeit in dir suche, entdecke und erkenne beziehungsweise *wiedererkenne.* Und in dem Maße, wie ich die Göttlichkeit in dir nicht wiederzuerkennen und zu erfahren vermag, kann ich sie, oder irgend etwas Gutes, auch nicht in mir erkennen. Übrigens auch nichts Schlechtes, was das angeht. Denn nichts kann dort existieren, was nicht hier existiert.

Wir stellen also fest, daß die Beziehung in unserem Leben einen einzigartigen Platz einnimmt, nicht nur einen wichtigen, sondern einen unersetzlichen Platz. Sie können die Beziehung durch nichts ersetzen, denn sie ist die einzige Erfahrung im Leben, die Ihnen eine Erfahrung von sich selbst bringt. Und wir sprechen nicht nur von Ihrer Beziehung zu Menschen, sondern auch zu Orten, Dingen und sogar Ereignissen – von Ihrer Beziehung zu den Begebenheiten in Ihrem Leben.

Wir alle haben eine Beziehung zu den Umständen und Ereignissen unseres Lebens. Und durch unsere Beziehungen, die ganz und gar von uns selbst erschaffen werden, erfahren, verkünden, erklären, bringen wir zum Ausdruck, werden wir die, die wir wirklich sind.

Wenn wir verstehen, welchen heiligen Raum die Beziehungen in unser aller Erfahrungswelt einnehmen, begreifen wir die Erfahrung von Beziehung in der Tat – nicht nur in Gedanken, nicht nur mit Worten, sondern *in der Tat* – als etwas Heiliges. Und damit verändern sich unsere mit den Beziehungen verknüpften Handlungen auf dramatische Weise.

Als erstes entdecken wir das Geheimnis, das ich vorhin erwähnte: die Tatsache, daß ich nur das in mir sehen kann, was ich in dir sehe. Und so besteht unsere vorrangige Funktion in einer Beziehung darin, tief in den anderen hineinzuschauen und in ihm die großartigste Vision zu erblicken, die ich mir vorstellen kann. Und ich helfe dem anderen dabei, diese Vision zu verwirklichen. Partner sollten also nicht bestrebt sein, voneinander zu nehmen, sondern danach trachten, einander zu geben und den jeweils anderen zu befähigen, sein oder ihr wahres Wesen zu erfahren und zum Ausdruck zu bringen, weil wir erkennen, wie entscheidend wichtig dies ist. Und wir begreifen, daß das tatsächlich der eigentliche Grund für die Existenz aller Beziehungen ist.

Plötzlich verwandelt sich unser Sinn in einer Beziehung völlig. Wir versuchen nicht mehr herauszufinden, was wir aus einer Beziehung herausholen können, sondern wollen wissen, was wir geben können. Was können wir unterstützen und fördern? Was können wir erschaffen? Was können wir zur Verwirklichung bringen, wirklich werden lassen? Sie wissen, wie man ein Auto »aufpoliert«? Dasselbe können Sie auch mit Menschen machen. Bringen Sie sie einfach ein bißchen zum Leuchten und Glänzen. Wenn Sie ihnen helfen, sich zu verwirklichen, wird daraus letztlich höchste Selbstverwirklichung.

Und das ist das Geheimnis, das ich Ihnen heute anvertrauen möchte. Viele Leute möchten sich selbst verwirklichen. Und sie meinen, daß sie das dadurch erreichen, daß sie irgendwo still für sich sitzen. Schließlich heißt es ja Selbstverwirklichung. Also sitzen wir allein und still in einem Kämmerlein, vielleicht bei Kerzenlicht und sanfter Musik. Und vielleicht geben wir ein paar interessante Töne von uns, »ohhhmmm« oder so,

Sie wissen schon. Was immer es ist, was wir da tun, es mag auch gut für uns sein, doch wenn wir glauben, daß wir uns auf diesem Wege selbst verwirklichen, und das um so mehr, je mehr Stunden wir darauf verwenden... dann haben wir diese große Weisheit nicht verstanden, die besagt, daß wir hier sind, um füreinander dazusein.

Letzten Endes gelangen wir nicht allein zur Selbstverwirklichung. Wir erlangen sie, wenn wir das Selbst, so wie wir es in einem anderen sehen, verwirklichen. Deshalb machen wahre Meisterinnen und Meister nichts anderes als herumzureisen und andere Menschen sich selbst zurückzugeben. Sind Sie jemals von einer lebendigen Meisterin oder einem lebendigen Meister »gesehen« worden? Hielten Sie sich jemals in der Gegenwart einer Person auf, die Sie als spirituellen Meister betrachten, oder kamen ihm oder ihr zumindest so nahe, wie uns das in diesem Leben möglich ist? Waren Sie jemals mit einer Person im gleichen Raum, die daran arbeitet, diese Meisterschaftsebene zu erlangen? Wenn ja, dann haben Sie sicher bemerkt, daß sie die meiste Zeit damit verbringt, Meisterschaft in Ihnen zu sehen. Sie sieht sie an, sie schaut in Ihre Augen und sieht Sie so, wie Sie selbst sich nicht einmal in Ihrer Phantasie sehen. Und Sie fragen sich, warum *Sie* sich nicht so sehen, wie diese Person Sie sieht. Und *sie* fragt sich dann, warum Sie sich nicht selber sehen. (Gelächter)

Wenn wir eine Beziehung auf diese wunderbare Weise angehen, transformieren wir unsere ganze Erfahrung von uns selbst und unsere Erfahrung mit den von uns geliebten Personen. Plötzlich wollen wir nichts mehr *von* ihnen – wollen ihnen nun alles geben. Und wir sind bestrebt, ihnen alles zu geben, was wir für sie sind, ohne etwas im Austausch dafür zu brauchen.

Nun, um hier keine Mißverständnisse aufkommen zu lassen, das bedeutet keinesfalls, daß wir ihnen erlauben, uns als Fußabtreter zu benutzen. Das heißt nicht, daß wir irgendwie das Opfer in einer gestörten Beziehung sein sollen. Das ist nicht gemeint. Das Leben verlangt nicht von uns, daß wir mit jemandem im gleichen Raum bleiben, der uns mißbraucht.

Es bedeutet aber, daß wir, wenn wir anderen in vollem Maße von uns geben, uns die Erfahrung einer Liebe erlauben, die keine Bedingungen kennt. Nicht einmal dann, wenn wir sagen: »Ich treffe die Wahl, nicht mit dir zusammenzuleben.« Sehen Sie, eines Tages werden wir sogar einen Weg finden, uns ohne Bitterkeit »voneinander zu trennen«, wie wir es nennen.

Eines Tages werden wir imstande sein, uns anzusehen und zu sagen: »Ich nehme zur Kenntnis, daß jetzt unsere gemeinsame Zeit ihr Ende gefunden hat. Daß nun für uns der Augenblick gekommen ist, uns weiterhin ohne Bedingungen zu lieben, uns weiterhin einander die Geschenke zu machen, die wir zu geben haben, doch dies nun über die Distanz eines Raumes oder einer Straße oder die halbe Erdkugel hinweg. Denn auf physischer Ebene befinden sich bestimmte Verhaltensweisen nicht mehr in Einklang mit der Art und Weise, wie ich meiner Wahl nach mein Leben leben möchte. Und das bedeutet nicht, daß ich dich nicht liebe.«

Eines Tages werden wir imstande sein, diese Wahrheit auszusprechen, ohne am anderen einen Fehler finden oder ihn, zur Rechtfertigung unserer Wahrheit, zum Schurken machen zu müssen. Wenn wir dahin gelangen, können wir auch die liebevollen und dauerhaften Beziehungen erschaffen, nach denen wir uns so sehr sehnen, weil diese Beziehungen dann plötzlich nicht mehr an irgendwelche Bedingungen geknüpft sind und auch keine Grenzen mehr kennen.

Ich sage Ihnen das, was ich über die besten Beziehungen und darüber, wie sie funktionieren, weiß. Erstens einmal sind es Beziehungen, die keine Bedingungen kennen. Es gibt keine Einschränkungen. Denn auf wirkliche Liebe – auf wahre, echte Liebe – gegründete Beziehungen sind Beziehungen, die ganz und gar frei sind.

Freiheit ist die Essenz dessen, was und wer Sie sind. Freiheit ist die Essenz der Liebe. Die Worte *Liebe* und *Freiheit* sind austauschbar. Das gilt auch für das Wort *Freude*. Freude, Liebe, Freiheit – Liebe, Freiheit, Liebe, Freude. Sie alle bedeuten dasselbe. Und die menschliche Seele kann in dem Maße nicht voller Freude sein, wie sie in irgendeiner Weise eingeschränkt oder begrenzt wird.

Deshalb trachten wir, wenn wir einen anderen Menschen lieben, niemals danach, ihn in irgendeiner Weise einzuschränken oder zu begrenzen. Die Liebe sagt: »Ich wähle für dich das, was du für dich wählst.« Wenn ich sage: »Ich wähle für dich, was *ich* für dich wähle«, dann liebe ich dich nicht. Dann liebe ich mich *durch* dich, weil ich bekomme, was ich will, statt dafür zu sorgen, daß du bekommst, was du willst. Die höchste Ironie hierbei ist, daß du mich in dem Moment, in dem ich sage: »Ich wähle für dich das, was du für dich wählst«, nie verlassen wirst. Denn wir suchen ja alle nach einer Person, die uns das haben läßt, was wir vom Leben haben wollen.

Die ganze Welt ist doch darauf aus, uns nicht haben zu lassen, was wir vom Leben haben wollen, angefangen bei unseren Eltern: »Nein, das kannst du nicht haben.« Dann geht es weiter mit den Lehrern in der Schule: »Im Unterricht darfst du nicht essen.« In unseren Teenagerjahren setzt sich dies fort, wenn unsere erblühende Sexualität in uns den Wunsch nach etwas Bestimmtem weckt, und die Welt alles daran setzt, uns beizubringen, daß diese bestimmte Sache etwas Ungehöriges ist. Oh, was für ein Urteil wir auf diesem Planeten mit unserem irrsinnigen sexuellen Zeug angerichtet haben. Wahnsinn!

Und weiter geht es in den frühen und auch noch späteren Jahren unseres Erwachsenendaseins, in denen die Welt sich gegen uns verschwört und sagt, daß wir nicht das haben können, was wir wirklich wollen. Ich meine, da gibt es Frauen, die zu ihrem Mann gehen und sagen: »Schatz, da ist dieses Quiltseminar, da kann man lernen, wie man Quilts anfertigt. Es dauert sechs Wochen und findet jeden Dienstagabend statt. Ich würde gerne daran teilnehmen.« Und diese Ehemänner sagen doch glatt »nein«. Können Sie sich das vorstellen? Doch es kommt vor.

»Archie, es ist doch nur ein Quiltseminar.«

»Erstick den Wunsch, Edith. Erstick daran.«

Können Sie sich noch daran erinnern? Die ganze Nation lachte über diesen miesen TV-Charakter Archie Bunker, weil die halbe Nation sich in ihm erkannte. Und es war ein verlegenes Lachen.

In einer Beziehung, die sich auf den echten Ausdruck von wahrer Liebe gründet, gibt es nicht nur kein Problem, wenn eine Frau ihren Mann fragt, ob sie an einem Quiltseminar teilnehmen kann, sondern auch dann nicht, wenn sie ihn fragt: »Kann ich mit Harry zum Lunch ausgehen? Und übrigens Liebling, du heißt nicht Harry.« Ihr Mann, wir wollen ihn Mike nennen, erwidert: »Du möchtest mit Harry zum Lunch ausgehen? Geh mit Harry zum Lunch. Ich liebe dich genug, um für dich zu wollen, was du für dich willst.«

Falls Harry irgendwie daran denken sollte, Mike diese Frau auszuspannen, kann er es so ziemlich vergessen. Die Anzahl von Frauen, die einen Mike verlassen, der ihnen die Freiheit läßt, sich selbst zum Ausdruck zu bringen, ist äußerst gering. Doch sehr viele Frauen werden den Mike sofort verlassen, der sagt: »Du kannst nicht mit Harry zum Lunch ausgehen – und ich will, daß du seinen Namen nie wieder in diesem Haus erwähnst! Denk nicht mal daran – was ist überhaupt in dich gefahren? Ist dir nicht klar, daß du zu mir gehörst? Du bist meine Frau.«

Übrigens tun auch Frauen das ihren Männern an. »Was ich sagen wollte, Liebling, ich würde gerne mit Matilda zum Lunch ausgehen.« »Kommt nicht in Frage.« Ich führe hier ein albernes und abwegiges Beispiel an, um die Sache zu verdeutlichen. Das Leben wird Ihnen in Hülle und Fülle Gelegenheiten bieten, zu demonstrieren, wer Sie wirklich sind.

Liebe sagt nie nein. Wissen Sie, woher ich das

weiß? Weil Gott nie nein sagt. Und Gott und Liebe sind Synonyme. Gott würde nie nein zu Ihnen sagen, ganz gleich, worum Sie bitten. Auch dann nicht, wenn Gott dächte, daß Sie das, was Sie erbitten, in Schwierigkeiten bringen wird. Eine Matilda oder ein Harry oder irgend etwas anderes. Sehen Sie, Gott sagt nie nein, weil Gott klar ist, daß Sie letztlich nicht wirklich in Schwierigkeit geraten können. Das heißt, Sie können sich nicht so schädigen, daß Sie zu existieren aufhören. Sie können sich nur weiterentwickeln und wachsen und immer mehr zu der oder dem werden, die oder der Sie wirklich sind. Also sagt Gott zu uns: »Ich wähle für dich, was du für dich wählst. Und ich fordere dich dazu auf, das auch mit jenen zu tun, die *du* liebst.«

Wachen Sie also auf. Ich möchte, daß Sie alle aufwachen. Denn Sie sollen wissen, daß Sie die Tendenz haben einzuschlafen, sobald Sie mit etwas konfrontiert werden, das Sie nicht hören wollen. Sie schlafen buchstäblich gleich da auf Ihrem Stuhl ein. (Gelächter) Natürlich meinen Sie, das hätte mit etwas anderem zu tun als mit dem, was der da sagt. Sie meinen, daß Sie nur einfach müde sind. Doch das ist der Mechanismus des Unterbewußtseins, der einsetzt, wenn es sich mit Informationen konfrontiert sieht, die es nicht erhalten oder akzeptieren will. »Den Teil werde ich einfach verschlafen.« Passen Sie auf, denn die meisten von uns schlafwandeln durchs Leben. Passen Sie auf, daß Sie Ihr Leben nicht schlafwandelnd verbringen. Bleiben Sie wach! Sie kennen nicht die Stunde, in der Ihr Meister kommt.

Hier hat jemand eine Frage zu diesem schwierigen Beziehungsthema.

Neale, in Band 3 von Gespräche mit Gott *fragten Sie Gott nach der Institution der Ehe. Und... Gott sagte, daß sie von keinem großen Wert sei. Glauben Sie das?*

Nun, ich glaube, Sie haben das, was Gott hier sagte, nicht ganz richtig verstanden. Gott sagte nicht, daß die Ehe keinen Wert habe. Er sagte, daß die Ehe, so wie wir sie gegenwärtig konstruiert haben –

Die Institution der Ehe.

Ja, die Institution der Ehe, *so wie wir* als Gesellschaft *sie gegenwärtig konstruiert haben,* angesichts dessen, wohin wir unserer Aussage nach gelangen wollen, keinen Wert hat, nicht besonders tauglich ist. Damit meinte er aber nicht die Ehe an sich.

Was bezeichnet er aber mit »tauglich«? Tauglich für was? Tauglich in bezug zu was? Sehen Sie, Gott sagt, daß es so etwas wie richtig oder falsch nicht gibt, weil richtig oder falsch relative Begriffe sind. Ein Ding, das gestern richtig war, ist heute falsch, und umgekehrt. Das Leben hat uns das reichlich bewiesen.

Darauf brauchen wir hier nicht einzugehen. Jeder denkende Mensch begreift, daß richtig und falsch relative Begriffe sind. Und Gott verwendet die Begriffe richtig und falsch oder tauglich und untauglich im Hinblick auf das, was wir als Spezies und als Individuen für uns wählen.

Wir haben erklärt, daß wir für uns die Wahl treffen, daß die Ehe ein Ausdruck der höchsten Erfahrung von Liebe, zu der wir Menschen fähig sind, sein soll. Das haben wir gesagt. Dann machten wir uns daran, eine Institution der Ehe und eine Erfahrung von der Ehe aufzubauen, die genau das Gegenteil davon bewirkt – nämlich praktisch die niedrigste Form von Liebe, zu der die Menschen fähig sind. Eine Liebe, die besitzen statt befreien will. Eine Liebe, die einschränkt statt erweitert. Eine Liebe, die sich etwas aneignen statt loslassen will. Eine Liebe, die praktisch alles um sich herum kleiner statt größer macht.

Wir haben eine Ehepraxis erschaffen, die in sehr vielen Fällen nichts mit Liebe zu tun hat. Wir haben einen Behälter, ein Schneckenhaus, eine Art Kapsel erschaffen. Und so soll unsere Ehe sein. Wir wollen, daß sie eine Kapsel ist, die alles genauso in sich bewahrt, wie es in dem Augenblick war, als du »Ich liebe dich« sagtest, und die jeden genau an dem Ort festhält, an dem er oder sie sich in diesem ersten Augenblick befanden. Aber die Menschen und Ereignisse sind in Bewegung. Sie verändern sich. Das Leben ist eine Evolution. Und somit arbeitet die Ehe, so wie wir sie konstruiert haben, dem Lebensprozeß selbst entgegen, weil sie, so wie sie viele Gesellschaften und Religionen und Familientraditionen konstruiert haben, zu wenig Raum zum Atmen läßt.

Die Ehe wurde von diesen Gesellschaften, Religionen und Familien weitgehend als Minigefängnis benutzt, als eine Art vertragliche Vereinbarung, die besagt: »Alles wird jetzt und bis in alle Ewigkeit so sein, wie es in diesem Augenblick ist. Du wirst keine oder keinen anderen lieben, und du wirst schon gar nicht einer oder einem anderen deine Liebe so bezeugen, wie du sie mir bezeugst. Du wirst nur da hingehen, wo auch ich hingehe. Du wirst fast alles mit mir gemeinsam tun, und von heute an wird dein Leben in den meisten Bereichen zumindest bis zu einem gewissen Grad eingeschränkt sein.« Und so bewirkt die Ehe, die die Menschen befreien und ihre Lebensgeister stärken sollte, genau das Gegenteil. Sie grenzt sie ein und legt ihre Lebensgeister lahm.

Darin liegt die Ironie der Ehe, so wie wir sie geschaffen haben. Wir sagen »Ich will«, und von diesem Augenblick an dürfen wir weitgehend nicht mehr die Dinge wollen und tun, die wir wirklich gerne im Leben tun würden. Nun würden das nur sehr wenige Menschen in der ersten Verliebtheit und in der ersten Zeit nach ihrer Eheschließung zugeben. Zu diesen Schlußfolgerungen gelangen sie erst nach drei oder fünf Jahren oder im sprichwörtlichen »verflixten siebten Jahr«. Sieben Jahre später wird ihnen plötzlich klar, daß ihre Erfahrungen mit sich durch die Institution der Ehe im allgemeinen reduziert und *nicht* erweitert wurden.

Das gilt natürlich nicht für alle Ehen. Doch es gilt für viel zu viele. Ich würde sagen, es gilt für die Mehrheit der Ehen. Und deshalb haben wir eine so hohe Scheidungsrate. Der Grund ist nicht so sehr, daß die Partner einander müde geworden sind. Meistens sind sie der *Einschränkungen* und *Begrenzungen* müde, die die Ehe ihnen auferlegt zu haben scheint.

Bei der Liebe hingegen dreht sich alles um die *Freiheit.* Liebe ist ihrer Definition nach Freiheit. Liebe ist das, was frei ist und keine Begrenzung, keine Restriktion oder Bedingung irgendwelcher Art kennt. Ich denke also, wir haben hier eine künstliche Konstruktion um das aufgebaut, was am wenigsten künstlich ist. Liebe ist die authentischste Erfahrung im Rahmen menschlicher Abenteuer. Und wir haben sie unter unseren Konstruktionen erstickt. Deshalb ist es für Menschen so außerordentlich schwierig, verliebt, in der Liebe, zu bleiben.

Wir müssen also die Ehe, wenn wir sie überhaupt beibehalten wollen, so umkonstruieren, daß sie besagt: »Ich erlege dir keine Beschränkungen auf. Es gibt keine Bedingung, die ausschlaggebend dafür ist, daß wir zusammenbleiben. Ich habe nicht den Wunsch, dich dazu zu bringen, daß du dich auf irgendeine Weise in deinem Selbstausdruck minderst. Tatsächlich soll diese Ehe, diese neue Form der Ehe, den Motor deiner Erfahrung antreiben – deiner Erfahrung, wer du wirklich bist und zu sein wählst.«

Diese neue Form der Ehe besagt auch: »Ich erkenne an, daß du, auch du, dich verändern wirst. Deine Vorstellungen werden sich ändern, dein Geschmack wird sich ändern, deine Wünsche werden sich ändern. Dein ganzes Verständnis von deinem wahren Wesen *sollte* sich verändern, denn wenn es sich nicht verändert, wirst du im Laufe der Jahre zu einer sehr statischen Person werden, und nichts würde mir weniger gefallen. Ich erkenne also an, daß der Evolutionsprozeß in dir Veränderungen bewirken wird.« Diese neue Form der Ehe wird nicht immer solche Veränderungen ermöglichen, aber sie wird dazu ermuntern.

Unsere alte Konstruktion der Eheinstitution ist angesichts dessen, was wir unserer Aussage nach tun und sein wollen, untauglich. Sie stellt keinen tauglichen Weg dar, um dahin zu gelangen. Und doch versuchen wir immer noch, mit dieser alten Konstruktion an unser Ziel zu gelangen.

Sogar manche traditionellen Ehegelübde (Gott sei Dank haben wir ein paar von ihnen im Lauf der Jahre abgeändert) sind seit Jahrhunderten in Begriffen von Eigentümerschaft abgefaßt und schufen gedankliche Konstruktionen, die auf keinen Fall dazu angetan sind, das zu unterstützen, was wahre Liebe ihrer Wahl nach erschaffen würde.

Die jungen Leute wissen das übrigens. Junge

Menschen wissen das instinktiv, weshalb sie schon lange, und zunehmend seit den sechziger Jahren, einen Blick auf die Älteren warfen und sagten: »Wißt ihr, das kaufen wir euch nicht ab. Wir machen das nicht. Wir gehen diesen Weg nicht.«

So lebten sie einfach zusammen, was in den sechziger und siebziger Jahren noch Entrüstung hervorrief. 1958 bedeuete ein Zusammenleben ohne Trauschein einen Skandal. Aber bald machten das die jungen Leute überall und sagten: »Ihr könnt euch eure Vorstellung von der Ehe sonst wohin stecken, wir haben damit nichts im Sinn. Wir begreifen, daß Liebe den großartigsten Teil dessen, wer wir alle sind, nicht einschränkt, nicht besitzt, nicht vereinnahmt, sondern erweitert, losläßt und freisetzt.«

Und so war es im Grunde schon immer. Wann immer es in einer Gesellschaft zu größeren Veränderungen kam, waren es die Küken, die Kinder unter uns, die uns den Weg wiesen. Es waren nicht wir alten, grauhaarigen, verkalkten Trottel, sondern die Jungen unter uns, die sagten: »Wir kennen einen besseren Weg und können ihn euch zeigen. Und das werden wir jetzt auch tun.«

Bei all den gewaltigen Veränderungen, die der Übergang zum 21. Jahrhundert mit sich bringt, beobachten wir – und das ist das Lustige daran –, daß nun heute nicht nur die jungen Leute, die Teenager und jungen Erwachsenen, sondern auch die älteren und alten Leute ohne Trauschein zusammenleben. Die Sechzig-, Siebzig- und Achtzigjährigen schauen sich an und sagen: »Martha, die machen es so. Warum machen wir das nicht auch? Laß uns zusammenleben.« Und eine schockierende Anzahl von sechzig-, siebzig- und achtzigjährigen Frauen antwortet doch tatsächlich: »Ja, warum nicht?«

Nun, dies ist kein Argument gegen die Ehe. Lassen Sie mich das klarstellen. Hier wird nur untersucht, wie sich diese Institution durch unser Tun in der überwiegenden Mehrheit der Fälle auswirkt. Es gibt auch viele Ehen, die so liebevoll sind, daß in ihnen kein Gefühl von Bedingungen oder Einschränkung aufkommt. Ich kann glücklicherweise sagen, daß zum Beispiel meine Frau und ich eine solche Beziehung haben. Und aus diesem Grund ist sie die beste Beziehung meines Lebens. Meine Frau und ich kennen keine Einschränkung, und wir werden nicht zulassen, daß unsere Liebe den Bedingungen irgendwelcher spezieller Verhaltensmuster unterworfen wird. Es gibt nur ein Verhalten, das Nancy und ich voneinander verlangen: »*Lebe authentisch*. Lebe deine Wahrheit. Und wenn du mich für irgend etwas liebst, dann dafür, daß ich meine Wahrheit lebe.« Begreifen Sie, was ich meine?

Ich sagte einmal etwas zu Nancy, nachdem ich schon drei Jahre lang mit ihr zusammen war, und mir wurde erst hinterher klar, was ich da eigentlich gesagt hatte. »Weißt du«, sagte ich eines Tages ganz spontan zu ihr, »mit dir zusammenzuleben ist so, wie wenn man allein lebt.« Für mich bedeutet das ein großartiges Kompliment. Denn ich bin am authentischsten, am meisten ich selbst, wenn sonst niemand da ist. Dann springe ich vielleicht aus dem Bett und laufe nackt herum, geh im Adamskostüm in die Küche oder hüpfe in den Pool. Ich rede vor mich hin, sage bestimmte Sachen oder singe vielleicht. Ich mach einfach Dinge, *bin* einfach so, wie ich mir einbilde, nur sein zu können, wenn ich ganz allein bin. Aber jetzt bin ich mit dieser wunderbaren Person zusammen, und mit ihr zusammenzusein ist so, wie wenn ich ganz allein wäre.

Sie gab mich mir selbst zurück und sagte: »Weißt du, wie ich dich am meisten liebe?«

»Nein. Wie?« fragte ich.

Und sie antwortete: »Genau so, wie du dich jetzt zeigst.«

»Du meinst, übergewichtig und all das? Dröhnendes Lachen und alles?«

»Ich liebe dich nicht trotz, sondern wegen deines Lachens. Ich liebe dich nicht trotz, sondern wegen der Fehler, die du zu haben glaubst.«

Das ist Liebe. Alles andere ist eine Fälschung.

Wissen Sie übrigens, was Fehler sind? Falscher Anschein, der sich als Wirklichkeit ausgibt, ist ein Fehler, soviel ist sicher. Aber der Grund dafür ist Angst. Ich hielt mich immer für eine Person, die mit all diesen Fehlern behaftet war, und deshalb konnte ich keine Beziehung zum Funktionieren bringen.

Ich dachte immer, wenn ich mich nur von diesen Fehlern befreien könnte, dann könnte ich mich als ein Päckchen präsentieren, das die anderen erträglich finden würden, wenn sie sich schon nicht daran erfreuen konnten. Ich dachte, ich hätte alle diese Fehler, denn alle diese Leute in meinem Leben, zuweilen auch meine Eltern, hielten mir immer meine Fehler vor. Und dann traf ich vor Jahren auf eine Lehrerin, die mir die Augen öffnete. »Zieh die Möglichkeit in Betracht«, sagte sie, »daß deine größten Fehler deine größten Vorzüge sind, nur daß die Lautstärke ein kleines bißchen zu heftig ist. Zieh die Möglichkeit in Betracht, daß die Dinge, wegen derer sich die Leute in dich verliebten, genau die Dinge sind, die sie manchmal auch an dir abstoßend finden, weil du die Lautstärke ein bißchen zu sehr aufgedreht hast. Und so kann es sein, daß das, was deine Freunde vielleicht als deine unerträgliche Aufschneiderei bezeichnen, wenn sie sagen: ›Er ist einfach zuviel‹, auch genau die von ihnen gesuchte Eigenschaft ist, wenn es um die Frage geht: ›Wer ist der Anführer, wer kann uns aus diesem Schlamassel herausholen? Neale ist der Anführer, er ist derjenige, welcher. Deshalb mögen wir dich so sehr, Neale.‹«

Ich bin ein sehr spontaner Mensch. Wenn also die Leute jemand Spontanen haben wollen, jemanden, der sich mit einem Fingerschnippen etwas einfallen lassen und in den Raum werfen kann, dann heißt es: »He, Neale.«

Das ist aber auch der Aspekt von mir, den sie als »unverantwortlich« bezeichnen. Meine Unverantwortlichkeit ist also meine Spontaneität, die einfach um ein oder zwei Grad zu laut aufgedreht ist. Und so sagte diese Lehrerin zu mir: »Neale, es geht nur darum, daß die Lautstärke manchmal ein bißchen daneben ist. Radiere nicht einfach alles aus. Versuche nicht, das an dir zu ändern. Verleugne diesen Aspekt deiner Persönlichkeit nicht. Dreh nur die Lautstärke ein ganz kleines bißchen runter und nimm zur Kenntnis, daß es für alle Aspekte deiner Persönlichkeit eine angemessene Lautstärke gibt, die dich in jedem Augenblick akzeptabel macht. Und manchmal mußt du diese Lautstärke aufdrehen und manchmal mußt du sie leiser stellen.«

Ist das nicht eine wunderbare Betrachtungsweise? Und jetzt muß ich nicht mehr denken, daß ich dieser Mensch mit allen diesen Fehlern bin. Ich habe ganz einfach alle diese großartigen Eigenschaften, die manchmal ein bißchen zu stark aufgedreht sind. – Aber nicht mehr so oft.

Eine wahre Beziehung sieht und weiß das alles. Eine wahre Beziehung hat eine ganz neue Grundlage, welche besagt: »Ich sehe in dir, was ich meiner Wahl nach in mir sehe. Ich gebe dir, was ich meiner Wahl nach selbst empfangen möchte.«

Und eine wahre Beziehung sagt auch: »Was ich dir nehme oder nicht erlauben möchte, das nehme ich mir selbst weg. Ich kann mir nicht selbst etwas erlauben, das ich dir nicht gestatte.«

Unsere Herausforderung besteht also in der Frage: Können wir ohne Bedingungen in einer Beziehung leben? Können wir in einer Beziehung leben, in der wir nicht nein, sondern einfach ja zueinander sagen? Können wir eine Beziehung nutzen, um der großartigsten Liebe, die wir uns je vorstellen können, Ausdruck zu geben? Lieben wir die von uns geliebte Person genug, um jene drei magischen Worte auszusprechen? Nicht: »Ich liebe dich.« Diese Worte sind, offen gesagt, ein bißchen überstrapaziert. Ich meine jene drei magischen Worte in jeder Beziehung: *Wie du wünschst.*

Wie *du* wünschst.

Wenn wir bereit sind, das zu sagen, dann haben

wir die Menschen wirklich sich selbst zurückgegeben. Solange wir nicht bereit sind, das zu sagen, benutzen wir unsere Beziehung mit einem anderen nur dazu, das zu bekommen, was wir zu brauchen meinen, um glücklich zu sein. Sie haben eine Frage…

Nun, es gibt da natürlich eine Million Fragen. Aber dies ist ein Thema, das ich zu meinem Lebensinhalt gemacht habe. Ich gebe schon seit einigen Jahren Seminare zum Thema Beziehungen. Und ich bin seit vielen Jahren verheiratet und habe das, worüber Sie sprechen, lange Zeit erfolgreich gelebt. Im Moment lebe ich es allerdings nicht erfolgreich. Wir haben in unserer Ehe enorm viel Freiheit, die auf eine Erklärung gegründet wurde, die wir zu Beginn unserer Ehe abgaben und die besagte: Unsere Beziehung funktioniert; sie macht einen

Unterschied, und alles trägt dazu bei. Ich ging also davon aus, daß nicht unbedingt alles, was passierte, in mein Bild passen mußte; daß was auch immer geschah, Teil dessen war, was mir diente. Und das funktionierte auch, selbst dann, wenn es nicht so aussah, wie ich es gern haben wollte. Ich sah, daß meine Fähigkeit, mit diesen Herausforderungen zu arbeiten, mein Beitrag zur Welt sein konnte.

Wo liegt also das Problem?

Nun, das Problem ist, daß wir irgendwie in einen Machtkampf verstrickt sind, aus dem wir nicht herauskommen. Ich kann nicht sehen, wie wir da herauskommen können. Ich weiß also gar nicht, was ich fragen soll. Ich weiß nur, daß ich meinen Mann zutiefst liebe. Und er liebt mich ebenfalls aus tiefstem Herzen.

Sie sind also in diesen Machtkampf verstrickt. Dazu möchte ich Ihnen etwas sagen, das vielleicht fast ein bißchen herzlos klingt: Na und? Warum ist das für Sie nicht in Ordnung? Was soll an dem Zustand, daß Sie sich »in einem Machtkampf« befinden, nicht okay, nicht in Ordnung sein?

Ich gründe einen Großteil meiner gegenwärtigen Unzufriedenheit auf das, was ich nicht von der Beziehung bekomme. Und so ist dieses Gespräch darüber, daß man nicht darauf aus sein soll, von einer Beziehung etwas zu bekommen, und daß ich nur schauen soll, was ich in eine Beziehung hineingeben möchte, das Samenkorn, das ich bislang aus diesem Morgen mitnehme. Ich höre, was Sie sagen. In unserer Beziehung erfahren wir zu wenig Liebe. Im Grunde ist da eine tiefe Liebe. Und wenn wir uns ergeben, geschieht es oft, daß wir fast aus uns heraustreten, beieinander sind, und ich habe das Gefühl, daß wir endlich aus dem Boxring herausgekommen sind. Wir sind wie zwei Boxer – wenn der Gong ertönt, halten sie sich aneinander fest. Da ist dieser Moment von Liebe, denn wir lieben einander zutiefst. Und wir sind einander ebenbürtig. Und das heißt, daß wir uns auch in diesem Machtkampf gewaltig ebenbürtig sind, und das macht mich fertig. Wenn dieser Moment kommt, in dem wir uns nicht in diesem Kampf befinden, dann gibt es da dieses Erkennen von Partnerschaft und Liebe, von dieser transzendenten Verbundenheit. Doch im Alltag tun wir einander sehr weh.

Na, dann hören Sie damit auf.

Wie soll ich das machen, ohne mich einfach nur Bedingungen anzupassen, die für mich nicht funktionieren?

Passen Sie sich nicht Bedingungen an, die für Sie nicht funktionieren. Hören Sie einfach auf, aus der Tatsache ein Problem zu machen, daß Sie sich weigern, sich anzupassen. Passen Sie sich einfach nicht an. Ich will Ihnen ein einfaches Beispiel geben. Sagen wir, jemand… sagen wir, Nancy beschließt, mit dem Rauchen anzufangen. Sie raucht gegenwärtig nicht und ich auch nicht, aber ich möchte dieses einfache Beispiel nehmen, damit wir dies alle irgendwie verstehen können.

Okay, das wäre großartig.

Also, Nancy kommt mit einem Päckchen Zigaretten nach Hause und sagt: »Oh… ich wollte dir mitteilen, daß ich mit dem Rauchen anfange.« Nun, ich könnte ein Problem damit haben. Nicht mit Nancy per se, denn Nancy ist immer noch Nancy. Aber jetzt ist sie Nancy, die Raucherin. Und ich könnte Schwierigkeiten haben, mich an dieses Verhalten anzupassen.

Ich kann mich nun schlicht und einfach weigern, mich an dieses Verhalten anzupassen. Aber ich kann das tun, ohne Nancy ins Unrecht zu setzen, ohne ein Problem aus der Tatsache zu machen, daß ich mich nicht anpasse, ohne diese Weigerung zwischen uns kommen zu lassen. Ich kann einfach sagen: »Nancy, ich liebe dich so wie immer. Aber für mich funktioniert es nicht, wenn du in meiner Gegenwart rauchst. Deshalb gehe ich jetzt aus dem Zimmer. Genieße deine Zigarette. Und übrigens, da du darauf bestehst, ständig im Haus zu rauchen, werde ich wahrscheinlich auch aus dem Haus ausziehen, weil ich mich nicht in einem Haus aufhalten mag, das voller Zigarettenrauch ist. Ich liebe dich. Ich liebe dich von Herzen so wie immer, und ich werde jetzt das Haus verlassen. Ich liebe dich.«

Wenn Nancy nicht sehr entwickelt wäre – was sie aber ist –, könnte sie nun erwidern: »Willst du damit sagen, daß du das Haus verläßt, nur weil ich rauche? Und du willst behaupten, daß du nicht versuchst, mich ins Unrecht zu setzen?« Und ich würde antworten: »Ich verstehe, daß du vielleicht das Bedürfnis hast, mir zu sagen, daß ich dich ins Unrecht setze, aber ich erlaube mir nur ganz einfach, meine authentische Wahrheit zu leben. Ich liebe dich, und ich nehme zur Kenntnis, daß du jetzt rauchst. Und für mich funktioniert ein Zuhause ohne Zigarettenrauch. Wenn du also vorhast, weiterhin in diesem Haus zu rauchen, dann werde ich woanders leben. Und ich werde dich von irgendwoanders her lieben müssen.«

Okay, das verstehe ich.

Meist haben die Probleme, die die Leute dazu bringen, in einen Machtkampf einzutreten, mit Zeit, Verfügbarkeit und den Aktivitäten des anderen zu tun. Mit anderen Worten, du verbringst nicht genügend Zeit mit mir, oder du befaßt dich mit Aktivitäten, die mir mißfallen. Und darüber befinden wir uns im Clinch. Ich möchte Ihnen noch ein Beispiel geben: Plötzlich verwandelt sich Ihr Ehemann in einen Workaholic. Während er in den ersten drei Ehejahren viel Zeit mit Ihnen verbracht hat, ist er nun immer seltener zu Hause. Jetzt sind Sie sieben oder acht oder zehn Jahre verheiratet, und Sie machen fast nichts mehr gemeinsam. Darüber treten Sie nun in einen Machtkampf ein, weil Sie versuchen, Kontrolle über seine Zeit auszuüben.

Also sagen Sie zu Ihrem Mann: »Weißt du, ich

möchte, daß du wenigstens drei von vier Wochenenden zu Hause verbringst. Ich will nicht, daß du ständig unterwegs bist oder immer an anderen Orten, um irgendeinen großartigen Film zu drehen, oder unentwegt über deiner Arbeit brütest, oder was immer sonst du tust. Du schenkst mir überhaupt keine Aufmerksamkeit.« Sie würden das vielleicht nicht genau mit diesen Worten sagen – das heißt, einige sehr, sehr ehrliche Menschen würden das vielleicht tun, aber die meisten würden sich anders ausdrücken. Sie würden nicht direkt damit herausplatzen und sagen: »Die Wahrheit ist, ich will deine Aufmerksamkeit. Ich will deine Zeit.« Und so kommt es zum Machtkampf.

Vielleicht versucht es der Partner dann mit einem problematischen Handel: »Okay, ich werde nur noch ein oder zwei Wochenenden im Monat unterwegs sein.« Sie treffen eine Vereinbarung, und wenn er dann in einem Monat doch drei Wochenenden weg ist, fängt er an, sich schuldig zu fühlen. Er fängt an, das Gefühl zu haben, daß er unter dem Pantoffel steht, fängt an, sich *kontrolliert* zu fühlen, Unmut und Groll kochen in ihm hoch, und bald kommt es wieder zum Machtkampf: »Was für ein Recht hast du, mir zu sagen, was ich mit meiner Zeit tun soll?«

Ich würde mich mit meiner Partnerin nie auf einen solchen Machtkampf einlassen. Wenn sie etwas täte, irgend etwas, mit dem ich nicht einverstanden bin oder das für mich nicht funktioniert, dann würde ich ganz einfach sagen: »Weißt du, du kannst tun, was du möchtest. Aber ich muß dir sagen, daß es sich hier auf meiner Seite nicht gut anfühlt, wenn du drei von vier Wochenenden weg von mir und weg von diesem Zuhause bist. Es ist okay, wenn du das tun möchtest, aber du sollst wissen, was ich tue, wenn du das weiterhin über lange Zeit hinweg machst. Ich werde mir jemand anderen suchen, mit dem ich meine Wochenenden verbringen kann.

Das ist keine Drohung. Ich versuche nicht, dir damit eins über die Rübe zu geben. Ich sage dir nur, was für mich funktioniert. Ich möchte gerne mit jemandem zusammensein. Ich möchte gerne die Tage und die Zeit meines Lebens mit einer geliebten Person verbringen, und es ist in Ordnung, wenn du die Wahl triffst, nicht diese geliebte Person zu sein. Also tu, was du möchtest und wie dir beliebt. Und da gibt es keinen Groll, keinen Zorn und keinen Aufruhr. Das ist einfach nur eine Aussage über eine Tatsache. Und laß mich dir sagen: Wenn ich mir diese geliebte andere Person aussuchen könnte, würde ich dich wählen. Deshalb trage ich diesen Ring am Finger. Du mußt in diesem Augenblick nicht die gleiche Wahl treffen, aber ich möchte dich wissen lassen, daß du meine erste Wahl bist. Aber ich möchte dich auch wissen lassen, daß ich noch *eine zweite Wahl habe* und eine dritte und vierte.«

Nun, es handelt sich hier um einen einfachen und unkriegerischen Informationsaustausch. Es geht nur um »Ich habe dich verstanden«. Es geht einfach nur um das, »was so ist«. Ich teile das auf liebevolle, offene und freimütige Art mit, so wie es Menschen machen sollten, die sagen, daß sie einander lieben. Das ist offen und ehrlich meine Wahrheit. Das ist es, was es darüber zu sagen gibt. Und jetzt, da wir alle die Fakten kennen, können wir auch eine Wahl treffen, die sich auf diese Informationen gründet.

Ich sage damit nicht, daß ich schon jemanden in der Hinterhand habe, der bereit ist einzuspringen, sobald meine Partnerin sich auch nur den kleinsten Fehltritt leistet, sie sich also sehr in acht nehmen sollte. Ich sage hier vielmehr, daß es

Optionen gibt für den Fall, daß sie sich auf Dauer dazu entscheidet, ein Verhalten an den Tag zu legen, das in meinem Leben einfach nicht funktioniert; dasselbe gilt übrigens auch für sie, wenn ich auf Dauer ein Verhalten an den Tag legen sollte, das in *ihrem* Leben nicht funktioniert. Meine Reaktionsmöglichkeit auf dieses Verhalten ist nicht darauf beschränkt, daß ich es einfach nur akzeptiere. Das muß ich nicht tun. Und ich sage ihr ganz offen und ehrlich, daß ich wahrscheinlich hinsichtlich meiner künftigen Lebensführung ein paar Neuregelungen vornehmen muß, sollte sie sich auf Dauer für dieses Verhalten entscheiden. Dazu könnte auch gehören, daß ich einen anderen einlade, für mich zu sorgen und mit mir all die vielen Dinge zu teilen, die ich mit ihr zu teilen hoffte.

Sehen Sie, es gibt keinen Machtkampf, wenn man nicht um die Macht kämpft. Es gibt einfach nur diese beiden Personen – oder zumindest eine von beiden (denn es braucht zwei für den Tango) –, die sich aus dem Kampf zurückziehen und zum Ort ihrer eigenen Macht zurückkehren, indem sie sich erlauben, das zu sein, zu tun und zu haben, was sie wählen, ohne den anderen ins Unrecht zu setzen.

»Wähle das, was du wählst. Triff die Wahl, zu rauchen. Wähle, was immer du wählst, und ich wähle, was ich wähle.« Das erlaubt nun Nancy, ein Werturteil zu fällen. Ist ihr das Rauchen wichtig genug, um zuzulassen, daß sich ihre Beziehung zu mir dahingehend verändert, daß ich nicht mehr im Raum bin, ja nicht einmal mehr das Haus mit ihr teile? Und sie wird dieses Werturteil fällen. Sie wird entweder weiterhin rauchen und damit demonstrieren, daß ihr das Rauchen so wichtig ist, daß sie diese Veränderung in unserer Beziehung zuläßt, oder sie wird mit dem Rauchen aufhören. Sie wird ihr Verhalten ändern. Nicht, weil ich sie dazu zwinge, sondern weil sie aus *freien Stücken und eigener Kraft die Wahl trifft,* zur Kenntnis zu nehmen, daß sie über die Kontrolle ihres Verhaltens auch kontrollieren kann, was sich in ihrem Leben ergibt.

Sehen Sie den Unterschied?

Ich habe verstanden. Vielen Dank.

Bitte. Aber so reagiert die Liebe. Die Liebe kämpft nicht um die Macht. Niemals.

Hier ist noch eine Frage …

Neale, worin besteht für Sie persönlich die größte Herausforderung in einer Beziehung?

Meine größte Herausforderung in einer Beziehung ist die Transparenz – sichtbar zu bleiben. Selbst nach all den Jahren mit derselben wunderbaren Gefährtin gibt es noch immer diesen kleinen Moment der Angst. Was, wenn sie dies herausfindet? Was, wenn sie jenes herausfindet ... dann wird sie mich nicht mehr lieben. Wenn sie erfährt, daß ich fünftausend Dollar auf dem Aktienmarkt investiert und verloren habe, und ich habe ihr es nie erzählt; oder daß ich eines Nachmittags einfach hinging und ein Auto kaufte.

Das war das große Ding, das ich vor zwei Jahren abzog. Ich fuhr die Straße entlang und bog auf ein Gelände ein, auf dem viele Autos standen – neue Autos. Und ich sah einen Wagen, den ich wirklich, wirklich haben wollte. Und ich sagte: »Ich nehme ihn.« Einfach so. Ich kaufte den Wagen innerhalb von zwanzig Minuten. Und ich machte mich mit ihm auf den Heimweg. Und unterwegs dachte ich – es ist wirklich lächerlich –, aber ich dachte: »Wie kann ich dieses Auto vor meiner

Frau verstecken?« Ich wußte, daß sie es früher oder später herausfinden mußte. Wahrscheinlich noch vor dem Abendessen. »Wessen Auto steht da in der Auffahrt?« Aber ich dachte tatsächlich (ich retardierte zum Sechstkläßler): »Wie kann ich es hinauszögern, daß sie es erfährt?« Und dann dachte ich: »Das ist doch verrückt.« Ich nahm das Handy, rief sie an und sagte: »Komm raus, wenn ich vorfahre, ich muß dir etwas zeigen.« – »Wovon redest du?« fragte sie. Und ich sagte: »Ich habe gerade ein Auto gekauft.« (Schluck)

Ich glaube also, daß Transparenz für mich die größte Herausforderung in einer Beziehung ist, sogar in einer Beziehung mit einer Person, der ich mein Leben anvertrauen würde. Ich vertraue Nancy wirklich mein Leben an. Ich vertraue der Bedingungslosigkeit ihrer Liebe. Und ich mache mir immer noch Sorgen, was geschieht, wenn ich absolut klar und offen bin und ganz und gar ehrlich in bezug auf jedes Gefühl, jeden Gedanken, jede Idee, jede Erkenntnis, jedes Mißverständnis und jedes einzelne Ding, das ich tue. Und ich sage Ihnen, woher das meiner Meinung nach kommt. Ich glaube, daß meine Angst vor Transparenz in einer Beziehung von einer uralten Angst vor Gott herrührt. Und ich hatte natürlich die Vorstellung, daß Gott mich für all das bestrafen würde.

Übrigens sollte ich Ihnen sagen, daß ich diese Vorstellung noch heute habe. Irgendwo gibt es noch diesen winzigen Aspekt meines Wesens. Ungeachtet all dessen, was ich erfuhr, was in diesen erstaunlichen Bänden von *Gesprächen mit Gott* steht, habe ich zuweilen noch Nächte, in denen ich mich unruhig im Bett herumwälze und denke: »Oh, Mann, was, wenn ich das alles erfinde? Ich meine, was, wenn ich mich total irre? Was, wenn ich Millionen Menschen in die Irre geführt habe – über Gott? Junge, Junge, wenn ich mich irre, dann wird es mir Gott aber geben.«

Dann muß ich Gott gegenüber transparent werden und sagen: »Weißt du, Gott, falls ich mich irren sollte, dann vertraue ich darauf, daß du weißt, daß ich das nicht wollte. Ich meine, ich wollte niemanden absichtlich in die Irre führen. Und wenn auch nur noch ein Funken Erbarmen in dir übrig ist, dann sieh mir das nach.«

Verstehen Sie? Nun, ich weiß, das ist ganz und gar nicht der Gott, der wirklich existiert. Dies ist der Gott meiner Phantasie, der Gott meiner Angst. Und ich denke, daß wir unsere tiefe Angst davor, daß wir von einer Gottheit verurteilt und mißverstanden und bestraft werden könnten, auf andere Menschen in unserem Leben übertragen: auf unseren Ehemann, unsere Ehefrau, auf die von uns geliebten Personen, auf unseren Chef, auf all die Menschen, die in unserem Leben einen wichtigen Platz einnehmen. Darum besteht meine größte Herausforderung in einer Beziehung darin, daß ich von den Menschen, mit denen ich eine mir wichtige Beziehung habe, so denke, wie ich jetzt von Gott denken möchte: als meinem besten Freund. Ich möchte eine Freundschaft mit Gott haben, und ich möchte eine Freundschaft mit meiner Frau und mit allen mir lieben Personen haben, eine Freundschaft von der Art, daß ich, mental wie physisch, nackt vor ihnen stehen und sagen kann: »Das ist es – da ist nichts verborgen, da gibt es keine versteckten Motive. Das ist *alles*, was da ist.« Das ist meine größte Herausforderung, und ihr stelle ich mich jeden Tag.

Neale, ich möchte gerne wissen, wie sich das mit dem Spiegeln in einer Beziehung verhält – daß man das, was man an der Person, mit der man zusammen ist, nicht mag, im Grunde an sich selbst nicht mag. Könnten Sie kurz dazu etwas sagen?

Wissen Sie, es gibt im Grunde nicht mehr viel, was ich an anderen Personen nicht mag, weil ich schon vor langer Zeit lernte, daß das, was ich da drüben sah und nicht mochte, nur etwas ist, das ich hier auf meiner Seite sah und nicht mochte. Und in den letzten Jahren bin ich dazu gelangt, alles an mir zu mögen. Ist das nicht erstaunlich? Ich meine, das ist wahrscheinlich schwer zu glauben, wenn Sie da sitzen und mich anschauen, aber es ist tatsächlich so, daß ich jetzt sehr viel an mir mag. Ich mag meine äußere Erscheinung. Ich mag meine Haltung und Einstellung. Ich mag meine Ideen. Ich mag meine Verschrobenheit. Ich mag meine Spontaneität. Ich mag den Teil von mir, der total unkonventionell ist. Ich mag den Teil, der nicht okay ist. Ich mag sogar mein Lachen. Ich meine, ich mag alles an mir, und ich muß Ihnen sagen, daß ich zum ersten Mal in meinem Leben so fühle. Und weil ich so fühle, gibt es jetzt nur noch sehr wenig an anderen Menschen, das ich nicht mag. Ich bin ungeheuer tolerant geworden. Es ist ein außergewöhnliches Phänomen, daß ich mir die Leute um mich herum anschaue und sie einfach alle gern habe. Ich finde Verhaltensweisen und Eigenschaften und Charakterzüge akzeptabel, die ich noch vor wenigen Jahren sofort abgelehnt hätte.

Ich glaube also, daß mit der Selbstliebe eine enorme Liebe zu anderen Menschen einhergeht, denn ich für meinen Teil denke mir: »Also wenn du es fertigbringst, dich selbst zu lieben, dann kannst du alle und alles lieben.«

Was sind die fünf Ebenen des »Sprechens der Wahrheit«?

Wenn ich über die Transparenz in einer Beziehung spreche, dann denke ich oft an das Sprechen der Wahrheit, denn darum geht es im Grunde bei der Transparenz. Und mir wurde zu Bewußtsein gebracht, daß es fünf Ebenen des Sprechens der Wahrheit gibt.

Die erste Ebene ist die, daß du dir selbst die Wahrheit über dich sagst. Das war eine enorme Herausforderung für mich, denn ich hatte mich viele, viele Jahre lang selbst belogen. Man kann sich schwer vorstellen, daß ein Mensch sich buchstäblich selbst belügt, aber das geht ganz leicht, und ich habe es lange Zeit getan.

Die zweite Ebene ist die, daß du dir selbst die Wahrheit über einen anderen sagst. Und auch in diesen Dingen habe ich mich viele, viele Jahre lang belogen. Zum Beispiel habe ich mir jahrelang gesagt, daß ich in eine Frau, mit der ich zusammenlebte, verliebt sei. Und immer wenn ich dachte, daß ich es nicht sei, immer wenn ich mir auch nur die Vorstellung erlaubte, daß ich vielleicht nicht mehr in sie verliebt sein könnte, sagte eine Stimme in meinem Kopf: »Sei nicht albern, natürlich liebst du sie.« Denn das war es, was ich erwartungsgemäß denken *sollte.* So *sollte* es sein. Also belog ich mich in dieser Sache sehr lange Zeit, bis ich mir eines Tages die Wahrheit über sie sagte. Ich habe das nicht einmal laut ausgesprochen, ich sagte es nur mir selbst, und das war sehr schwer.

Die dritte Ebene des Sprechens der Wahrheit ist die, daß ich einem anderen die Wahrheit über mich sage, ganz so, wie ich es jetzt mit Ihnen mache.

Und die vierte Ebene ist die, daß ich die Wahrheit über einen anderen *diesem anderen* sage –

meine Wahrheit natürlich, nicht *die* Wahrheit. *Die* Wahrheit, objektiv gesehen, gibt es nicht, aber ich teile meine innerste Wahrheit über einen anderen mit diesem anderen.

Und die fünfte Ebene des Sprechens der Wahrheit, falls wir überhaupt dahin gelangen, ist die, daß wir jedem die Wahrheit über alles sagen. Und wenn Sie diese fünf Schritte machen können, dann haben Sie fünf Schritte bis in den Himmel getan, denn Himmel bedeutet – nicht mehr lügen zu müssen.

Jemand hat einmal gesagt, daß es anscheinend manchmal den Schmerz braucht, um das Herz aufzubrechen, so daß es mehr Liebe erfahren kann. Was meinen Sie dazu?

Ich glaube das nicht. Wer immer gesagt hat, daß Schmerz das Herz aufbrechen läßt, so daß es mehr

Liebe erfahren kann, beschreibt zwar ein existierendes Phänomen, aber keines, das sich unbedingt ereignen *muß*. Ich halte es für absolut möglich, daß wir ohne jeglichen Schmerz mehr Liebe erfahren und fühlen können. Aber wir leben unseren eigenen kulturellen Mythos. Es existiert ein riesiger Mythos, der besagt, daß Liebe weh tut und der Schmerz der Weg zu ihr ist. Ich muß Ihnen sagen, daß ich in den letzten paar Jahren entdeckt habe und immer noch entdecke, daß es möglich ist, voller Freude zu lieben, und ohne den geringsten Schmerz all die Liebe zu fühlen, die ein menschliches Herz zu fassen vermag und noch mehr. Ich für meinen Teil lehne die Vorstellung ab, daß Schmerz und Liebe Hand in Hand gehen müssen, und daß es dabei nur einen Weg von hier nach dort gibt, und der führt durch das Tor namens »Schmerz«. Das ist nicht nötig; es ist ein kultureller Mythos, aus dem wir uns willentlich herausbegeben können, indem wir ganz einfach die Wahl treffen, uns nicht auf ihn einzulassen.

Das heißt, daß da auch kein Schmerz ist, wenn Ihre Geliebte Sie verläßt?

Nein. Da ist kein Schmerz, wenn meine Geliebte mich verläßt, weil ich die Schönheit und das Wunder dessen, der ich bin, entdeckt habe. In früheren Tagen dachte ich, daß die Gültigkeit meiner Existenz und meine Vorstellung von dem, der ich bin, mit ihr zur Tür hinausmarschierten, wenn sie mich verließ. Nun habe ich gelernt – und ich nehme an, das klingt ein bißchen kraß, aber es ist die Wahrheit –, daß, wenn sie mich verläßt und auszieht, fünfzig andere bereitstehen, um einzuziehen. Und das deshalb, weil ich großartig bin.

Welche Rolle spielt Nancy in Ihrer Karriere?

Ich werde Ihnen eine Antwort geben, die sich wie eine göttliche Dichotomie ausnimmt. Sie spielt jede Rolle und sie spielt gar keine Rolle. Mit anderen Worten: Mir ist sehr klar, daß Nancy nicht die Kraft in meinem Leben ist, die mir meine Karriere ermöglicht. Wenn ich das dächte und für wahr hielte, würde ich wieder in die Angst zurückfallen, daß ich, wenn ich sie verlöre, alles verlieren würde. Ich sehe Nancy also nicht als das Element an, das mir mein Leben, so wie ich es gegenwärtig lebe, ermöglicht. Und gleichzeitig wäre es ohne sie doch nicht möglich. Es ist also eine göttliche Dichotomie.

Nancy ist die Hauptperson in meinem Leben, die mich sieht, wie ich mich sehe, und das ist, wie ich vermute, die Rolle, die sie in meinem Leben spielt. Sie sieht mich so, wie ich meiner Vorstellung nach bin. Die Liebe macht das so. Die Liebe sagt: »Ich bin willens, dich so zu sehen, wie *du* dich in deiner besten Version von dir selbst siehst.« Liebe sagt noch mehr. Sie sagt: »Ich bin nicht nur willens, dich so zu sehen, wie du mich in deiner besten Version von dir selbst siehst, ich bin sogar auch willens, dich so zu sehen, wie du dich selbst nicht siehst. Ich bin willens, in dir *mehr* zu sehen, als du in dir selbst.«

Jemand sagte einmal: »Wenn wir uns selbst so sähen, wie Gott uns sieht, würden wir sehr viel lächeln.« Ich glaube, Nancy sieht mich so, wie Gott mich sieht. Sie sagt ständig Dinge zu mir, kleine Dinge. Gerade vorhin ging sie an mir vorbei und sagte: »Gott, siehst du gut aus.« Eigentlich sollte ich wohl nicht aus der Schule plaudern, aber wenn ich auch nur für einen Augenblick denken sollte, daß das vielleicht nicht stimmt, wenn ich versucht sein sollte, in mein altes Denken über mich zurückzufallen und zu glauben, daß ich physisch nicht attraktiv bin, dann sind es Menschen wie Nancy, Menschen, die dich wirklich lieben, die dich in deinen wagemutigsten Vorstellungen von dir selbst immer wieder bestätigen.

Ja, so ist es! Das kam mir gerade. Menschen, die dich *wirklich* lieben, bestätigen dich immer wieder in deinen *wagemutigsten* Vorstellungen von dir selbst. Das *bist* du. Du *kannst* das. Sie wissen schon … diese abenteuerlichen Gedanken über uns selbst, die uns mitten in der Nacht kommen, und die wir niemandem mitteilen, weil man uns sonst als dieses oder jenes bezeichnen würde – als egoistisch oder unverantwortlich oder was sonst. Habe ich den Mut, das von mir zu denken? Und wenn Sie mit jemandem beisammen sind, der Sie zutiefst liebt, dann brauchen Sie diese Gedanken nicht zu denken; sie oder er sprechen sie für Sie aus: »Gott, bist du sexy; Gott, bist du machtvoll; Gott, bist du gut; Gott, bist du wunderbar; Gott, bin ich froh, daß du der meine bist.« Nancy sagt solche Dinge ständig, jeden Tag. Es vergeht kaum eine Stunde, ohne daß ich von ihr eine Botschaft der Bestätigung zu hören bekomme. Welche Rolle spielt das in meinem Leben? Dafür habe ich keine Worte.

In Ihren Büchern wird darüber gesprochen, daß wir herausfinden sollen, was wir wollen – was wir sein wollen, was wir haben wollen und was wir tun wollen. Und was nun die Beziehungen angeht, so habe ich das wortwörtlich genommen. Ich habe mich hingesetzt und die Art von Partnerin beschrieben, die ich gerne hätte. Und ich stellte fest, daß die auftauchenden Partnerinnen nicht gerade das waren, was ich erwartet hatte. Und das ist irgendwie verwirrend, weil ich mir nun nicht sicher bin, ob ich mich lieber nicht hinsetzen und das alles aufschreiben, sondern einfach nur zusehen sollte, was das Universum mir zukommen läßt. Ich möchte Sie bitten, dazu etwas zu sagen.

Klar doch. Ich danke Ihnen. Das ist eine sehr gute Frage.

Was Beziehungen oder auch alles andere im Leben angeht, so bin ich gerne sehr konkret in bezug auf die Dinge, die ich wählen möchte. Und wenn ich mir gestattet habe, sehr, sehr konkret zu sein, dann *nehme ich, was sich zeigt.* Und das mache ich so, weil ich Gott nie davon abhalte, die Wunder zu wirken, die er sich ausdenkt. Und ich versuche nie, Gott zu sagen, wie etwas genau aussehen soll, sondern nur, wie meine momentane Vorstellung davon aussieht.

Wissen Sie, als junger Mann hatte ich eine sehr genaue Vorstellung vom Aussehen meiner perfekten Gefährtin, von der Frau meiner Träume. Und alle, die nicht in diese Schablone paßten, wurden automatisch abgelehnt. Ich meine, ich ging buchstäblich an ihnen vorbei, beachtete sie überhaupt nicht, fast so, als existierten sie gar nicht. Dann ereignete sich eine dieser wunderbaren Begebenheiten im Leben. Ich verliebte mich in eine Frau, die sich von dem Bild, das ich mir da geschaffen hatte, ziemlich unterschied. Ich stolperte fast in diese Beziehung hinein, denn, wie gesagt, ging ich normalerweise an einer solchen Person vorbei. Aber irgendwie war ich plötzlich mit ihr zusammen. Und da entdeckte ich, was für ein außergewöhnliches menschliches Wesen sie war, und wieviel ich im Leben verpaßt hatte, nur weil ich darauf bestand, daß nicht nur die Menschen, sondern auch die Ereignisse, die Orte, ich meine, *alles* in meinem Leben, auf eine ganz bestimmte Weise zu sein hatten.

Beispielsweise ging ich zu einer Party, und wenn ich mich dort nicht auf eine ganz bestimmte Weise fühlte, ging ich wieder, weil sie nicht das war, was ich erwartet hatte. Ich lebte mein ganzes Leben, und ganz besonders meine Beziehungen mit anderen Menschen, aus meinen Erwartungen heraus. Und dadurch ist mir wirklich sehr, sehr viel entgangen.

Nancy paßte aus verschiedenen Gründen nicht in meine früheren Vorstellungen von dem Frauentyp, mit dem ich, wie ich glaubte, einmal auf Dauer zusammensein würde. Sie ist zum Beispiel sehr viel sensibler und nicht annähernd so spontan wie ich, und da gibt es noch viele andere Dinge. Ich erkenne jetzt, daß diese Unterschiede zwischen uns nicht unbedingt eine Kluft schaffen müssen, und auch nicht unbedingt Dinge sind, die sie »nicht in Frage kommen« lassen. Tatsächlich bilden diese Aspekte ihres Wesens einen perfekten Ausgleich zu meiner Wcsensstruktur. Doch das hätte ich in meinen noch unreiferen Tagen nie erkannt.

Der beste Rat, den ich Ihnen geben kann, wenn Sie nach einem Gefährten oder einer Gefährtin oder nach irgend etwas in Ihrem Leben suchen, ist der, sich durchaus eine Vorstellung von dem zu machen, wonach Sie suchen. Aber nehmen Sie zur Kenntnis, daß das Gute manchmal in einer ziemlich unerwarteten Verpackung zu Ihnen kommt. Verweigern Sie sich nicht diesen Energien, und tun Sie sie nicht als etwas ab, das für Sie keinesfalls in Frage kommt. Denn vermutlich finden Sie das, wonach Sie suchten, genau vor Ihrer Nase, haben es aber nicht gesehen, weil Sie die Augen nicht aufgemacht haben.

Einige der wunderbarsten Dinge meines Lebens kamen in Verpackungen zu mir, auf die ich absolut nicht gefaßt war. Ich will Ihnen ein albernes

Beispiel dafür geben. Ich esse nun Dinge, die ich noch vor ein paar Jahren als unannehmbar von mir gewiesen hätte. Sie wissen, was ich meine? Ich esse jetzt dieses Zeug, und es schmeckt mir. Meine Mutter pflegte zu sagen: »Probier es mal, probier es.« Ich hatte die Weisheit, die darin liegt, nie verstanden. Und das ist nicht nur eine kluge und weise Einstellung in bezug auf das Essen, sondern in bezug auf alles im Leben. Um Himmels willen, probieren Sie es mal. Ich meine das buchstäblich um des *Himmels* willen. Denn es könnte sein, daß Sie gleich dort Ihren Himmel finden. Also versteifen Sie sich nicht zu sehr auf etwas. Verfangen Sie sich nicht in Ihren Erwartungen, sondern bleiben Sie aufgeschlossen. Und lassen Sie Gott etwas Raum, um für Sie Perfektion zu erschaffen.

Um nun noch einmal auf das Beispiel meiner lieben Frau Nancy zurückzukommen, und ich plaudere hier nichts aus, was sie nicht schon weiß. Als Nancy zum erstenmal in meinem Leben auftauchte, paßte sie, wie gesagt, nicht in das Bild, das ich mir von der Frau machte, mit der ich den Rest meines Lebens verbringen würde. Und ich kann wohl annehmen, daß für sie dasselbe in bezug auf meine Person galt. Ich weiß es nicht. Ich habe sie nie danach gefragt. Aber was mich angeht, so weiß ich, daß sie nicht in der Verpackung daherkam, die mir vorschwebte. Doch Junge, Junge, Junge. Das Großartigste, das ich je in meinem Leben machte, war, daß ich mir sagte: »Weißt du was, ich werde mal meine bisherige Vorstellung für den Moment beiseite lassen und schauen, was für ein Geschenk mir Gott da auf die Türschwelle gelegt hat.« Und meine Bereitschaft, das zu tun, brachte mich zur Erkenntnis, daß Gott mir den allergrößten Schatz meines Lebens geschickt hatte.

Und nun hat es ironischerweise fast den Anschein, daß ich unterschwellig jede andere Person in meinem Leben an diesem Schatz messe. Ist das nicht interessant? Es ist wirklich komisch, doch es ist so, daß das, was einmal nicht meinem Bild entsprach, nun so sehr zu meinem Bild geworden ist, daß ich alles andere daran messe – was natürlich gleichermaßen unfair ist. Und ich muß erwachsen werden und damit aufhören.

Ich möchte noch etwas zu dem hinzufügen, was dieser Herr vorhin sagte. Mir ist aufgefallen, daß, wenn ich schließlich zu wissen glaubte, nach was für einer Person und nach welchen Eigenschaften ich für mich oder in einer Beziehung suchte, in mir ein ganz bestimmtes Gefühl entstand. Wenn dann jemand auftauchte und das Gefühl mit dem übereinstimmte, was ich mir von der

Verpackung erhoffte, war dies der eigentliche Wertindikator. Die Beschreibung der Eigenschaften und Qualitäten spielte an sich keine Rolle, wichtig war nur, daß diese Gefühle übereinstimmten.

Ja, das ist eine sehr tiefgehende und einfühlsame Beobachtung. Und ich möchte Ihnen allen sagen, daß ich zwar immer versucht habe, im Hinblick auf das, was in meinem Leben auftauchen sollte – ob nun ein Job, eine Person oder ein neues Auto –, äußerst konkret zu sein, ich aber in meinen späteren Jahren, als ich ein bißchen älter wurde, lernte, alle diese Bedingungen schlicht fallenzulassen. Ich habe gelernt, wirklich loszulassen und Gott zuzulassen. Und ich habe gelernt, zur Kenntnis zu nehmen, daß Wunder fast unvermeidlich in Verpackungen daherkommen, die ziemlich anders aussehen, als ich sie mir vorgestellt hatte.

Und nun lasse ich einfach los ... Das nennt man, das Leben ohne Erwartungen leben.

Meiner Meinung nach ist es wichtig zu begreifen, daß Liebe eine Entscheidung ist, und nicht eine Reaktion. Die meisten Menschen denken, daß Liebe eine Reaktion ist. Ich meine, darin liegt wirklich der Hauptunterschied zwischen jener Zeit, in der ich aus meinen Erwartungen heraus lebte und mir eine bestimmte Verpackung vorstellte, und heute, wo ich meine Erwartungen habe fallenlassen und mich auf völlig andere Weise auf Menschen beziehe. Der Unterschied besteht darin, daß ich begriffen habe, daß Liebe eine Entscheidung ist. Sie entscheiden sich dazu, jemanden zu lieben, oder Sie entscheiden sich dagegen. Es ist wirklich in sehr starkem Maße eine willkürliche Entscheidung. Nun könnte man natürlich einwenden: »Ja, aber diese Entscheidungen gründen sich auf das äußere Erscheinungsbild oder die Persönlichkeit und so weiter.«

Doch ich möchte die These aufstellen, daß dem manchmal nicht so ist. Ich möchte behaupten, daß sich diese Entscheidungen zuweilen auf etwas Beliebigeres als das gründen, nämlich auf eine einfache Wahl. Ich treffe die Wahl, dich zu lieben. Und wenn ich dich wirklich liebe und von einer reinen Liebe ausgehe, dann ist meine Wahl nicht nur »be-liebig«, sie ist auch ohne Bedingungen. Meine Liebe ist bedingungslos. Sie hängt nicht davon ab, wie sich deine Persönlichkeit zu dieser Stunde zeigt, oder wie dein Körper geformt oder wie dick deine Brieftasche ist, oder was sonst deine Begleiterscheinungen sein mögen. Sie kennt keine Bedingungen.

Wenn wir also die Wahl treffen, jemanden zu lieben, dann müssen wir oft auf eine große Überraschung gefaßt sein. Wir entdecken, daß das Gefühl, das wir durch unser Verliebtsein in die andere Person zu bekommen hofften, im Grunde *von uns selbst* erzeugt wird. Es bewegt sich *von uns ausgehend* um diese andere Person herum, fast so wie ein Planet die Sonne umkreist, um dann wieder auf der anderen Seite hervor- und *zu uns zu kommen.* Es ist ein Bumerangeffekt. Und dann fällt endlich die große Illusion in sich zusammen. Die Illusion, daß dieses Gefühl von Magie und Staunen, dieses Besondere, wonach ich in einer Beziehung suche, von dieser anderen Person herrührt. In Wahrheit kommt es immer von uns. Und wenn ich zu ihr hinüberschicke, und das ganz bewußt, kann es gar nicht anders, als wieder zu mir zurückzukommen. Es kehrt zurück zum Absender.

Als ich mir noch wünschte, daß die Dinge oder Menschen in einer ganz bestimmten Form auftauchten, mußte ich natürlich auch die Frage stellen, auf die Sie hinauswollen. Warum habe ich die Vorstellung, daß *diese* Form irgendwie besser ist als eine andere? Warum habe ich die Vorstellung, daß dünn besser als dick ist, oder dick besser als dünn, oder schwarz besser als weiß, oder ... Wie denke ich darüber? Was hat es damit auf sich?

Sobald ich bereit war, mich dieser Frage zu widmen, erkannte ich, daß ich *das alles einfach erfand.* Ich erfand einfach all dieses Zeug. Und plötzlich stellte ich fest, daß ich, wenn ich all diese Dinge, die ich da erfand, aufgab, überall Schätze finden konnte; in Menschen, auf die ich mich nie einlassen zu können glaubte, in Dingen, die ich nie lieben zu können meinte. Es ist so, wie wenn ein Erwachsener entdeckt, daß Spinat schließlich doch nicht ganz so schlecht schmeckt.

Sehen Sie, ich habe doch tatsächlich herausgefunden, daß man Brokkoli schmackhaft finden kann. Er schmeckt mir jetzt wirklich ganz gut. Man weiß also nie, wann ein Brokkoli zur Tür hereinspaziert.

Gibt es noch andere Fragen zum Thema Beziehungen? Sie haben das alle ziemlich gut verstanden, oder? Wie viele von Ihnen sind bereit, Ihre Beziehung so zu leben, daß sie besagt: »Mein Wille für dich ist dein Wille für dich?« Wie viele von Ihnen sind bereit, Ihre Beziehung so zu leben, daß sie besagt: »Liebe sagt nie nein?« (Es heben sich Hände.)

Das ist großartig. Fast alle hier. Manche haben ihre Hände etwas zögerlicher gehoben als andere. Aber das ist wirklich großartig. Doch bitte verstehen Sie, daß dies keine Garantie dafür ist, daß Ihre Beziehung immer so bleiben wird wie jetzt. Gehen Sie hier also nicht mit dem Gedanken weg: »Jetzt hab ich den Schlüssel gefunden. So werde ich jetzt leben. Und nun wird meine Beziehung ewig so bleiben wie sie jetzt ist.« Die andere Person könnte unter Umständen auch sagen: »Oh, vielen Dank. Dein Wille für mich ist mein Wille für mich? Dann bin ich so gut wie weg. Schon seit vier Jahren ist es mein Wille für mich, hier abzuhauen. Ich habe nur auf die Erlaubnis gewartet« – sozusagen auf die Chance für einen »ehrenhaften Abgang«.

Ich möchte also nicht, daß hier jemand denkt, daß er, wenn er so lebt, eine Garantie gefunden hat. Wir alle haben versucht, diese Garantie zu finden: »Wie kann ich es jetzt und für alle Zeiten zum Funktionieren bringen?« Nun, Sie können es nicht jetzt und für alle Zeiten zum Funktionieren bringen. Oder richtiger gesagt, es *wird* für alle Zeiten funktionieren, aber dieses Funktionieren *wird möglicherweise anders aussehen, als Sie sich gedacht haben.*

Als meine Frau mich damals verließ, war das

eine Tragödie. Ich war furchtbar niedergeschlagen, denn es sah doch wirklich so aus, als würde meine Beziehung »nicht funktionieren«. In Wahrheit aber stieß das Ende dieser Beziehung die Tür zu etwas auf, das wunderbarer und lohnenswerter war, als ich mir je hätte träumen lassen. Doch konnte ich das, was als nächstes kam, nur deshalb erleben, weil ich das, was da vor sich ging, geschehen ließ, es nicht verurteilte, nicht als Fehler bezeichnete, es sich einfach ereignen ließ. Ich habe also im Laufe meines Lebens entdeckt, daß das Universum auf außergewöhnliche Weise arbeitet. Wenn ich es nicht verurteile und tun lasse, was es tut, und sein lasse, was es ist, finde ich den Frieden und die Freude, die immer in mir wohnen.

Wenn es überhaupt einen Schlüssel gibt, dann ist das übrigens der Zentralschlüssel: Ich muß aufhören, in einem anderen nach dem Frieden und der Freude zu suchen, und mir klarmachen, daß das, wonach ich suche, mir selbst innewohnt. Ich erfahre meine größte Freude und meinen größten Frieden, wenn ich für einen anderen sorge; in diesen Augenblicken entschlüssele ich das größte Rätsel und Geheimnis aller Zeiten.

Und wie ich schon sagte und noch einmal sage, besteht die größte Ironie in folgendem: In dem Augenblick, in dem ich mich selbst als die Quelle dessen betrachte, was ich von einem anderen erhalten will, und in dem Augenblick, in dem ich die Wahl treffe, mein Leben dazu zu nutzen, die Quelle für einen anderen zu sein, in diesem Augenblick komme ich einer Garantie so nahe wie nur irgend möglich, daß sich der Raum nicht leeren wird. Denn niemand oder nur sehr wenige verlassen einen Raum, in dem eine solche Quelle residiert. Und die, die gehen? Lassen Sie sie gehen.

Lassen Sie sie ihren Weg gehen. Lassen Sie sie tun, was sie tun.

Ich möchte noch einmal auf die Ehe zurückkommen. Ich habe in letzter Zeit eine Menge darüber nachgedacht. Und mich interessiert sehr, was in Band 3 *von* Gespräche mit Gott *dazu steht. Ruft die Ehe, so wie wir sie geschaffen haben, die Liebe hervor, die wir wollen? Mir scheint, daß wir uns nun zu Beginn des 21. Jahrhunderts an einem völlig anderen Ort befinden, als wir Menschen in bezug auf die Liebe und Romantik je waren. Bisher ging es im wesentlichen um das Überleben und die Fortpflanzung, und das ist nun nicht mehr der Fall. Deshalb möchte ich etwas über andere Formen des Zusammenlebens als die der herkömmlichen Ehe erfahren. Andere Formen des Zusammenlebens von Paaren, ob nun mit*

Kindern oder ohne Kinder, des gemeinsamen Sorgens für den Lebensunterhalt, all diese Dinge. Gibt es andere Formen, die wir allmählich erschaffen könnten, und die diese Freiheit und dieses Engagement und das Beste in unserem Lieben bewirken?

Das ist eine wundervolle Frage. Und die Antwort lautet: Ja, es gibt neben der traditionellen Zweierbeziehung inzwischen viele andere Formen. Es gibt Gemeinschaften, die sich freiwillig gebildet haben. Dort leben viele Personen zusammen, die Dinge miteinander teilen und in fürsorglicher und liebevoller Weise miteinander umgehen. Wir finden auch – ich weiß, das ist an manchen Orten ein Schimpfwort – sogenannte Gruppenehen, oder »erweiterte Familien«, in denen die Leute auf diese fürsorgliche, liebevolle und gemeinschaftliche Weise zusammenleben. Wir sehen auch gleichgeschlechtliche Paare zusammenleben, füreinander sorgen und miteinander teilen. Wenn wir übrigens nicht damit aufhören, diese Einstellungen zu verteufeln und als Unrecht zu verfolgen, werden wir nie unser ganzes Potential als Menschen verwirklichen.

Ich glaube, daß es immer diese Paarbeziehungen geben wird. Und ich glaube auch, daß sie weiterhin die vorrangige Beziehungsform bleiben werden. An dieser Situation und an diesen Umständen ist etwas Einzigartiges, das sich so in einer anderen Form nicht herstellen läßt. Wir werden es immer erleben, daß sich zwei Menschen zusammentun und gemeinsam ein Leben aufbauen, und dies wird weiterhin die vorrangige Form der menschlichen Liebesbeziehung sein. Aber ich denke, wir werden es auch erleben, daß andere Formen entstehen, und daß diese die erweiterten Familien, die Gruppenehe und die freiwillig gebildeten Gemeinschaften mit einschließen. Diese Formen werden eine Vielfalt von Möglichkeiten beinhalten, in der sich Menschen in großer und kleiner Anzahl zusammenschließen, um die eine Erfahrung zu machen, nach der wir uns alle sehnen: die Erfahrung von unbegrenzter, ungegängelter Liebe füreinander.

Wir haben auf unserem Planeten schon seit langer Zeit mit diesen Beziehungsformen herumexperimentiert. Und ich denke, daß manche von ihnen mehr Respektabilität gewinnen werden. Ich glaube, daß dies mit unserem Eintritt ins nächste Jahrhundert passieren wird.

Die Entscheidung, damit aufzuhören, uns einander für das, was wir tun, ins Unrecht zu setzen, wird einen gewaltigen Wendepunkt in unserer gesellschaftlichen Evolution darstellen. Und das wird hier in den nächsten zehn bis fünfzehn Jahren passieren – da bin ich mir ziemlich sicher. Wir werden aufhören, uns gegenseitig unsere Wahl in bezug auf unsere sexuellen Präferenzen und unseren Lebensstil, unsere Wahl in bezug auf spirituelle und philosophische, politische, soziale und ökonomische Dinge als falsch oder unrecht vorzuwerfen. Wir werden aufhören, einander ins Unrecht zu setzen, und endlich ganz einfach sagen: »Können wir uns nicht schlicht darauf einigen, daß wir unterschiedlicher Meinung sind?«

Wir werden damit aufhören, einander ins Unrecht zu setzen, aus dem Bewußtsein heraus, daß es genau das ist, was uns tötet; nicht die unterschiedlichen Ansichten sind es, sondern die Tatsache, daß wir diese Unterschiede nicht tolerieren. Die Intoleranz hat ihre letzten Tage auf diesem Planeten gesehen. Und ich denke, wir werden es erleben, daß sie im ersten Viertel des nächsten Jahrhunderts weitgehend verschwindet.

Das wird infolge der evolutionären Entwicklung der Spezies geschehen, die sich aus diesen experimentellen Formen unseres Zusammenseins und der Neugestaltung unserer Beziehungen ergibt. Und diese Beziehungen werden die ganze Gesellschaft durchziehen. Es wird neuartige Beziehungen in der Politik, in der Wirtschaft, in der Religion geben; neuartige Beziehungen auf jeder Ebene und natürlich auch im Bereich der romantischen Liebe. Wir werden nichts dabei finden, einen Mann mit zwei Frauen oder zwei Frauen mit einem Mann, die eine sogenannte Dreiecksbeziehung leben und einen Höllenspaß miteinander haben, Hand in Hand und traut vereint die Straße entlangschlendern zu sehen.

Gott sagt, es gibt keinen unangemessenen Ausdruck von reiner und wahrer Liebe. Und ob der Ausdruck von Liebe rein und wahr ist, erkennen wir daran, daß diese Liebe nie danach trachtet oder sich gestattet, einem anderen Schaden zuzufügen. Ich stelle das in den Raum, weil es immer wieder jemanden gibt, der zu mir sagt: »Sie wollen den Menschen *alles und jedes* gestatten ... Sie entschuldigen ja sogar Päderasten.« Da ist immer jemand, der ins Extrem verfällt, um mich ins Unrecht zu setzen. Und ich sage nur, daß es keine unangemessene oder ungehörige Form von *reiner* und *wahrer* Liebe gibt. Und reine und wahre Liebe würde sich nie gestatten, einen anderen auf irgendeine Weise zu schädigen, auszunutzen oder zu mißbrauchen.

Ja, die Art und Weise, in der wir uns im Ausdruck unserer großartigsten Vorstellung von Liebe miteinander verbinden, verändert sich. Menschen, die glauben, daß nur die alte Form die einzig angemessene Form ist, werden sich mit dieser Entwicklung schwertun. Manche von ihnen knirschen mit den Zähnen, und manche von ihnen verurteilen alle diese anderen Formen als Unrecht.

Sie wissen, es gab eine Zeit, in der uns allen Ernstes gesagt wurde – und das war nicht nur die blödsinnige und abartige Idee eines einzelnen, sondern eine Einstellung, die von der überwiegenden Mehrheit in unserer Gesellschaft geteilt wurde –, daß es ungehörig sei, mit einer Person eine Paarbeziehung einzugehen, die zu einer anderen *Rasse* gehört. Es gab Zeiten, in denen uns gesagt wurde, daß es ungehörig sei, eine Person zu lieben und zu heiraten, die einer anderen *Religion* angehört. Und es gibt immer noch Menschen in bestimmten Kulturen und Religionen, die eine von ihnen geliebte Person enterben und verstoßen, weil diese eine andere Person liebt, die nicht »eine von ihnen ist«. Wie kann es sein, daß jemand nicht einer von uns ist? Es gibt *nur einen von uns*. Wir nennen das die menschliche Familie.

Unsere Aufgabe als Schöpfer und Schöpferinnen der neuen Gesellschaft besteht darin, ein neues Paradigma, eine Einstellung, ein System, wenn Sie so wollen, eine neue gesellschaftliche und spirituelle und politische Konstruktion zu etablieren. Diese erlaubt es uns, einander ganz einfach auf eine Weise zu lieben, die sich in unserer Seele rein anfühlt, und ohne daß wir aufgrund unseres Geschlechts, unserer Hautfarbe, unserer Religion oder irgendeines anderen künstlichen Faktors darin eingeschränkt werden. Wie kann es falsch oder unrecht sein, einen anderen zu lieben? Wie kann es eine falsche oder unrechte Art des Ausdrucks von reiner Liebe geben, die nie einen anderen schädigen oder verletzen würde? Doch in dieser Hinsicht sind wir total steif und verklemmt, eine Steifheit und Verklemmtheit, die sich auf das gründen, was wir in unserer Arroganz für den Willen Gottes halten. Ich meine, können Sie sich eine Zeit vorstellen – und wir reden hier nicht von Jahrhunderten, die das her ist, sondern nur von ein paar Generationen –, in der wir uns erhoben und allen Ernstes behaupteten, daß eine Mischehe, eine Ehe zwischen zwei Angehörigen verschiedener Rassen, gegen das Gebot Gottes verstößt? Und das haben wir tatsächlich geglaubt.

Tatsache ist, daß es auch heute noch Leute gibt, die das glauben. Ich kenne ein jüdisches Ehepaar, das seinen Sohn enterbte, weil er eine Nichtjüdin heiratete. Was ist das? Das besagt: Ich bin besser als du. Wir sind besser als sie. Wie kannst du nur *so etwas* heiraten? Das ist die Art von Gedanken, die all das Elend schafft, das unseren Planeten nun schon so lange Zeit heimsucht.

Doch das neue Verständnis, das Sie in diese neue Zeit, in die wir uns nun hineinbegeben, einbringen, wird eine neue Erfahrung erschaffen. Die Welt hat in bezug auf das, was wir Liebe nennen, schon sehr lange auf die Wiederkehr eines Erlösers gewartet. Diese Erlöserin ist bereits gekommen. Sie sitzt hier, und sie sitzt dort. (Deutet ins Publikum.) Und er ist hier, und er ist dort.

Werden Sie uns von unserer niedrigsten Vorstellung von uns selbst erlösen? Und werden Sie uns zu unserem großartigsten Ort führen? Wir können nur so hoch klettern, wie sie zu gehen willens sind. Wir können nur so außergewöhnlich werden, wie Sie zu sein bereit sind. Wir können nur so voll und ganz lieben, wie Sie willens und dazu bereit sind. Sie sind es. Sie sind der- und diejenige. Da gibt es jene, die die Welt so sehen, wie sie ist, und fragen: »Warum?« Und dann gibt es jene, die die Welt so sehen, wie sie sein könnte, und fragen: »Warum nicht?« Ich danke Ihnen für das Zuhören.

Zum Abschluß

Ich danke Ihnen dafür, daß Sie diese Reise mit mir unternommen haben. Ich weiß, daß einige Grundgedanken in diesem Buch hart »an der Grenze« sind. Konzeptionen wie »Wir sind alle eins«, »Ich wähle für dich, was du für dich wählst« und »Liebe sagt nie nein«, sind nicht leicht zu akzeptieren. Sie anzunehmen, braucht Mut, und noch mehr Mut braucht es, sie umzusetzen. Doch ich glaube, es ist von entscheidender Bedeutung, daß wir das tun, wenn wir, um es mit den Worten von Robert F. Kennedy auszudrücken, eine neuere Welt anstreben wollen.

Für die Bewältigung dieser Herausforderungen

sind uns mittlerweile viele Hilfsquellen zugänglich. Für diejenigen von Ihnen, die sich intensiver mit den neuen Möglichkeiten von Beziehung beschäftigen wollen, sind vielleicht zwei Bücher besonders interessant, die ich persönlich sehr hilfreich und spannend fand. Es handelt sich um *The Future of Love* von Daphne Rose Kingma und *Enchanted Love: The Mystical Power of Intimate Relationships* von Marianne Williamson. Beide beschreiben die *Möglichkeiten* einer Beziehung, das Wunder einer Liebe mit offenem Herzen und die Herrlichkeit des Einanderakzeptierens. Mariannes neuestes Buch ist ganz besonders atemberaubend und zuweilen geradezu poetisch.

Wenn Sie auf der Suche nach ein bißchen konkreteren Erfahrungen sind, so bietet die von Nancy und mir gegründete gemeinnützige Stiftung einmal im Jahr ein Wochenendretreat zum Thema Beziehungen an: *How to Love People and*

Get Away with It (Wie man Menschen liebt und damit davonkommt). Es basiert auf den Botschaften von *Gespräche mit Gott* und ist vor allem für Personen gedacht, die eine Beziehung beenden, eine neue beginnen, oder glücklich in einer leben möchten und sich das genauer ansehen wollen – das heißt, eigentlich für uns alle.

Für mehr Informationen schreiben Sie bitte an:

CWG Relationships Weekend
ReCreation Foundation
PMB # 1150
1257 Siskiyou Blvd.
Ashland, OR 97520
USA

Viele Fragen, die sich zum Thema Beziehungen ergeben, wie auch Fragen zu allen anderen Themen, die in *Gespräche mit Gott* behandelt werden, werden im regelmäßig erscheinenden Newsletter der Stiftung besprochen. Der Newsletter enthält Fragen von Leserinnen und Lesern aus aller Welt. Ich beantworte jeden Brief persönlich. Diesen Newsletter können Sie abonnieren. Senden Sie für ein internationales Jahresabonnement US$ 45 an die Stiftung.

Schließlich möchte ich Sie darauf hinweisen, daß Hampton Roads Publishing Company eine wunderbare Sammlung der besten Fragen und Antworten aus den vergangenen fünf Jahren unter dem Titel *Questions and Answers on Conversations with God* herausgebracht hat. Dieses Buch und das *CWG Guidebook* (die deutsche Ausgabe wird im Goldmann-Verlag erscheinen) sind zwei der hilfreichsten Bücher für die, die nach einem umfassenden Verständnis des Materials von *Gespräche mit Gott* streben und praktische Wege zu dessen Umsetzung im Alltag finden wollen.

Ich hoffe, daß wir alle durch diese und andere Mittel mehr über Beziehungen und darüber, wie wir sie verbessern könnten, lernen können. Ich hoffe, daß wir uns alle daran erinnern, wie man liebt. Einst wußten wir es. Wir wußten, wie man ohne Erwartungen, ohne Angst, ohne Bedürftigkeit, ohne Macht über einen anderen haben oder irgendwie besser als ein anderer sein zu müssen, lebt. Wenn wir an diesen Ort zurückkehren können, können wir unser Leben und auch die Welt heilen.

Seid gesegnet.